安徽省哲学社会科学规划基金一般项目“新媒体环境下带有竞争地位的两种舆情信息演化规律与干预策略”（项目批准号：AHSKY2018D13）研究成果

经济管理学术文库·管理类

新媒体环境下舆情信息演化规律与干预策略

Evolution Law and Intervention Strategies for Public Opinion Information in the New Media Environment

王治莹　王伟康　梁　敬／著

经济管理出版社
ECONOMY & MANAGEMENT PUBLISHING HOUSE

图书在版编目（CIP）数据

新媒体环境下舆情信息演化规律与干预策略/王治莹，王伟康，梁敬著．—北京：经济管理出版社，2020.1
ISBN 978－7－5096－7056－9

Ⅰ.①新… Ⅱ.①王… ②王… ③梁… Ⅲ.①舆论—研究—中国 Ⅳ.①C912.63

中国版本图书馆 CIP 数据核字(2020)第 024261 号

组稿编辑：张巧梅
责任编辑：张巧梅 姜玉满
责任印制：梁植睿
责任校对：陈 颖

出版发行：经济管理出版社
（北京市海淀区北蜂窝 8 号中雅大厦 A 座 11 层 100038）
网 址：www. E－mp. com. cn
电 话：（010）51915602
印 刷：三河市延风印装有限公司
经 销：新华书店
开 本：720mm×1000mm/16
印 张：10.75
字 数：161 千字
版 次：2020 年 5 月第 1 版 2020 年 5 月第 1 次印刷
书 号：ISBN 978－7－5096－7056－9
定 价：78.00 元

前　言

近年来，我国开始进入社会转型期，突发事件的发生呈现出越来越频繁的趋势。突发事件不但会对民众的生产和生活产生重大影响，而且由突发事件引发的舆情危机更有可能加大原生突发事件的应急处理难度。伴随着新媒体时代的来临，突发事件发生后人们对事件相关信息异于寻常的需求往往易导致舆情危机的迅速爆发，并且通常伴随着多种舆情信息相继涌现，而多种舆情信息之间的相互竞争关系使得舆情信息演化过程更加复杂难辨。在此背景下，本书运用系统动力学、SIR 传染病模型、Logistic 增长模型、Lotka – Volterra 竞争模型等理论与方法，并综合采用了理论与案例相结合、实证与仿真相结合、静态与动态相结合的研究思路，着重研究了新媒体环境下带有竞争地位的两种舆情信息演化规律（两种舆情信息的竞争地位划分及其动力学、带有竞争地位的演化模型）与干预策略（决策机制、决策时机）问题。具体内容如下：

1. 新媒体环境下两种舆情信息的竞争地位及其动力学

首先，收集了新媒体环境下两种舆情信息共同传播的现实案例，提取案例中相互竞争的两种舆情信息并分析其竞争演化结果，进而给出了两种舆情信息的竞争地位划分，包括平等竞争和不平等竞争。其次，基于系统动力学给出了带有平等竞争地位的两种舆情信息演化的因果回路图与存量流量图，并结合情景仿真分析了两种舆情信息平等竞争演化的动力学。在此基础上，进一步给出了两种舆情信息不平等竞争演化的动力学。研究表明：带有平等竞争地位的两种舆情信息的增减趋势较为一致；在带有不平等竞争地位的两种舆情信息演化过程中，强势舆情信息不但始终占据主导地位，而且传播周期长。相比之下，弱势舆情信息不但传播周期短，而且消退速度快。

2. 新媒体环境下带有平等竞争地位的两种舆情信息演化规律

首先，分析了两种舆情信息演化过程中的群体状态划分及平等竞争框架。其次，借鉴传染病模型的构造思路，构建了两种舆情信息平等竞争的演化模型，进而分析了模型的平衡点及其稳定性。最后，通过情景仿真探讨了平等竞争情况下两种舆情信息的发布时间、平等竞争关系及新媒体环境下网络平均度增加对两种舆情信息竞争演化结果的影响。研究表明：在两种舆情信息共同传播时，其出现时刻差距越大，则两种舆情信息交替变化越显著，舆情信息的整体演化态势越难以把控；新媒体环境下网络平均度提高，其结果是两种舆情信息间竞争演化速度加快；两种舆情信息的平等竞争作用减弱时，较早出现的舆情信息竞争优势扩大，且舆情信息的整体演化态势可以得到缓解。

3. 新媒体环境下带有不平等竞争地位的两种舆情信息演化规律

首先，分析了两种舆情信息演化过程中的群体状态划分及不平等竞争框架。其次，借鉴传染病模型及带有平等竞争地位的两种舆情信息演化模型的构造思路，构建了两种舆情信息不平等竞争的演化模型，进而分析了模型的平衡点及其稳定性。最后，通过情景仿真探讨了三种干预措施，即强势舆情信息传播群体的干预、弱势舆情信息传播群体的干预、弱势舆情信息传播群体向强势舆情信息传播群体的干预对两种舆情信息不平等竞争演化结果的影响。研究结果表明：对于各群体数量演化影响的显著性而言，对强势舆情信息传播群体进行干预的决策最优，对弱势舆情信息传播群体向强势舆情信息传播群体转化进行干预的决策次之，对弱势舆情信息传播群体进行干预的决策较差。

4. 带有竞争地位的两种舆情信息演化规律的干预决策

首先，基于生态学领域中 Lotka – Volterra 模型的建模思路，构建了带有竞争地位的两种舆情信息演化规律的干预决策模型。其次，通过分析模型的平衡点及其稳定性条件，得到了舆论生态系统演化的三种结果状态，即干预信息胜利，舆情信息消灭；干预信息部分胜利，干预信息和舆情信息共存；干预信息失败，只存在舆情信息。最后，通过情景仿真研究了舆论生态系统演化的影响因素及其对系统演化的作用规律，并以 2011 年日本核泄漏事件为例对其合理性进行了验证。研究表明：提高干预信息发布力度和争夺发布时间是维护舆论生态系统稳定运行的关键决策；干预信息发布力度的提高虽然对两种舆情信息支持者数量的峰值影响不明显，但是可以显著降低其稳态结果并缩短其达到稳态的时间。

5. 考虑干预信息发布延迟的决策时机研究

首先，结合现实案例分析了考虑干预信息发布延迟情景下的信息类型和演进阶段，给出了考虑干预信息发布延迟的两阶段演进框架。其次，借助 Logistic 增长模型和 Lotka - Volterra 竞争模型的构造思路，构建了舆情信息和干预信息的两阶段演化模型，并推导了模型的平衡点和稳定性条件，据此给出了启示性结论。最后，通过对模型进行仿真考查了干预信息的不同发布时间和发布强度对干预效果的影响规律。研究表明：当舆情信息的支持者数量达到上限值时，若干预信息尚未发布，则模型在第一阶段中的舆情信息最大支持者数量达到稳态；当干预信息发布后，根据其吸引力的上限值大小，模型在第二阶段中可达两种稳态，即舆情信息和干预信息的支持者数量分别降低为零和提高至上限值；舆情信息与干预信息的支持者共存；干预信息的发布时间在满足一定约束下，有助于模型尽可能达到第二阶段的稳态，从而可有效缩小舆情信息的影响范围。

综上，可将本书的主要研究特色与创新之处概括为如下三个方面：第一，在带有竞争地位的两种舆情信息动力学研究中，考虑了舆论场反馈作用及两种舆情信息间的不同竞争地位；第二，将两种舆情信息间的竞争地位进行细分，以平等竞争和不平等竞争为切入点研究了两种舆情信息的竞争演化规律；第三，在带有竞争地位的两种舆情信息演化的干预策略研究中，既考虑了两种舆情信息的平等竞争及不平等竞争演化规律，又考虑了干预信息发布延迟的因素。

目　录

第一章　绪论

近年来，重大突发事件频繁发生，如 2011 年日本核泄漏事件、2014 年马航 MH370 失踪事件、2017 年 WannaCry 勒索病毒事件和 2018 年泰国沉船事故、印尼海啸事件及美国加州山火事件。由于重大突发事件本身具有复杂性、快速性和衍生性，其往往会引发一系列的次生事件，舆情信息的传播正是其中之一。舆情信息的广泛扩散不仅会给人们的心理和情绪带来沉重而又深远的间接危害，还会损害政府的公信力并严重考验应急管理者的危机公关能力。随着新媒体和互联网技术的快速发展，“两微一端”（微博、微信、移动客户端）具有了准入门槛低和使用便捷等特点，促使人们能够及时获取突发事件信息和表达自身的观点，因此这为多种舆情信息的出现和竞争创造了条件。如何有效地响应多种舆情信息共同演化的舆情危机事件，逐渐成为了应急管理者和众多学者所关注的重点课题。本书以此作为切入点，重点探究新媒体环境下带有竞争地位的两种舆情信息演化规律与干预策略。

第一节　研究背景与问题提出

频繁爆发的突发事件不仅会威胁公众的生命财产安全，还会给社会带来巨大的经济损失，甚至破坏稳定的社会秩序。突发事件发生后人们对事件相关信息异乎寻常的需求又极易引发大规模的舆情危机。舆情危机作为突发事件的衍生事件之一，为应急管理者做出有效的应急决策带来巨大挑战。有鉴于此，开展新媒体环境下带有竞争地位的两种舆情信息演化规律与干预策略研究显得尤为重要。基于此，本节首先介绍了研究背景，并进一步给出本书的研究问题。

一、研究背景

近年来，突发事件的发生频率越来越高，在世界范围内带来了深重的影响。突发事件的类型往往多种多样，根据《中华人民共和国突发事件应对法》中突发事件的分类，主要包括自然灾害、事故灾难、公共卫生事件和社会安全事件。近年来，其各自代表性的事件分别为：2008 年汶川地震事件、2018 年泰国沉船事故、2011 年欧洲“毒黄瓜”事件、2019 年斯里兰卡恐怖袭击事件。这些突发事件不仅会威胁人类的生命安全，还容易给社会带来巨大的经济损失，更有甚者可能会破坏社会的稳定秩序。

目前，我国经济正处于爬坡期，西方国家已有的经验表明，当国家民众人均 GDP 处于 1000 ~3000 美元时，往往是利益矛盾加剧的时期。在此背景下，中国已开始进入社会转型期，文化形态、价值观念正发生着深刻的变化，导致社会思想文化呈现出多元、多样、多变的趋势。同时，在此阶段，突发事件频发导致民众焦虑感增强，表达诉求的意愿增强。新媒体时代“两微一端”具有的准入门槛低与使用便捷等特点为民众表达自身观点提供了可能，人人都有话语权。因此，突发事件一旦发生，普通大众通过各种渠道发泄情绪、表达不满，导致舆情信息不断涌现并广泛扩散，为应急管理者做出有效的响应措施带来巨大挑战。因此，现阶段对突发事件发生后舆情信息演化的研究显得尤为重要，通过归纳舆情信息传播案例，并尽力提取新媒体环境下舆情信息传播所呈现的新特征和变化，对政府有效进行舆情危机管理与决策具有重大意义。

突发事件发生后往往会引发多种舆情信息广泛扩散，但这些舆情信息大多可以根据其内容归结为两类，并且两种信息间的作用关系也不尽相同，包括竞争性和合作性关系。本书主要以带有竞争地位的两种舆情信息为研究对象，并对两种舆情信息共同传播的现实案例进行了收集。例如，2014 年 3 月马航 MH370 客机在飞行途中失踪，关于失踪原因的舆情信息主要包括“MH370 很可能被劫机”与“MH370 很可能遭遇恐怖主义爆炸袭击”两种，由于两种舆情信息的真伪一时间难以确定，因而两种舆情信息均得以广泛流传；2018 年 11 月美国加州山火事件爆发后，“火灾由干燥环境、大风及输电线损坏共同导致”的舆情信息广泛扩散，而政府高官坚称的“火灾根源是森林严重管理不善”的舆情信息却引发公众的愤怒与质疑。在当今新媒体环境下，舆情信息演化的环境更加复杂难辨，各种竞争性舆情信息的广泛扩散更是为政府及有关部门的应急决策制定过程提出了严峻的挑战和严格的要求，需要应急管理者明晰新媒体环境下两种舆情信息的竞争地位及其演化规律，以期为政府及官方媒体制定有效干预策略提供参考。

二、问题提出

根据以上研究背景分析，可以发现突发事件发生后通常伴随着舆情信息的广泛扩散，新媒体技术的快速发展为两种竞争性舆情信息的涌现提供了可能，两种舆情信息间的相互竞争关系导致舆情信息演化过程更加复杂难辨。因此，本书首先关注的第一类问题是新媒体环境下两种舆情信息的竞争地位划分及其动力学。随着突发事件的不断发展及事件相关信息的持续涌现，舆情信息必将经历发展、高潮、衰落及破灭等演化过程，因此本书将进一步研究的第二类问题是新媒体环境下带有竞争地位的两种舆情信息演化规律。两种竞争性舆情信息的动力学分析及其演化规律研究是应急管理者制定有效干预策略的基础，因此，带有竞争地位的两种舆情信息演化的干预策略是本书关注的第三类问题。具体如下：

（1）新媒体环境下两种舆情信息的竞争地位划分及其动力学。两种舆情信息的竞争地位包括哪些，如何区分？不同竞争地位的两种舆情信息演化的动力学如何刻画？影响舆情信息竞争力的因素有哪些？两种舆情信息具有不同竞争地位时，其动力学有何相似和不同之处？

（2）新媒体环境下带有竞争地位的两种舆情信息演化规律。在明晰新媒体环境下两种舆情信息竞争地位划分及其动力学的基础上，进一步考虑不同竞争地位的两种舆情信息呈现的演化规律如何？两种舆情信息具有不同竞争地位时，其演化趋势与舆情最终的传播规模有何相似与不同之处？

（3）带有竞争地位的两种舆情信息演化的干预策略。在明晰新媒体环境下两种舆情信息竞争地位划分、动力学机制及演化规律的基础上，进一步关注舆情信息演化与干预策略有何相互作用机制？这种机制的运行框架与运行规律如何辨别？如何能够在考虑干预信息发布延迟的基础上合理确定决策时机，并制定政府及官方媒体的最优干预决策？

第二节　研究意义与研究内容

上一节通过介绍研究背景，提出了三大方面的研究问题，即新媒体环境下两种舆情信息的竞争地位划分及其动力学、带有竞争地位的两种舆情信息演化规律及干预策略。为了使本书的选题依据更加清晰，本节将进一步分析本书的研究意义，并在此基础上结合上述三大方面的研究问题，提出本书的研究内容。

一、研究意义

突发事件发生后各种舆情信息的广泛扩散不仅会加大原生突发事件的处理难度，还有可能引发一系列衍生事件。例如，在2011年日本核泄漏事件中，地震所引发的海啸致使福岛核电站发生核泄漏危机，“海水被污染，海盐从此变核盐”的舆情信息广泛扩散，而政府一时未做出足够的干预，随着“碘盐能预防和治疗核辐射”的舆情信息也出现在网络空间并大肆传播，最终引发了大规模的食盐抢购事件。基于此，本书所关注的新媒体环境下带有竞争地位的两种舆情信息演化规律与干预策略研究具有重要的理论和现实意义，具体说明如下：

（一）理论意义

现有研究对两种舆情信息间竞争地位的分析尚有欠缺，研究新媒体环境下带有竞争地位的两种舆情信息的演化规律，是对单一舆情信息演化研究的进一步拓展。基于多案例研究分析两种舆情信息的竞争地位，并采用系统动力学、SIR 传染病模型分析两种舆情信息平等竞争和不平等竞争的演化规律，不仅能够丰富舆情研究的理论和方法体系，还可为其他学者进行更深入的研究提供参考。同时，通过研究带有竞争地位的两种舆情信息的干预策略，能够优化重大突发事件舆情的决策智库，为并发舆情信息或是跨区域舆情信息的有效干预提供理论支持。

（二）现实意义

目前重大突发事件下多种舆情信息竞争和演化的案例颇多，次生危害往往也不容忽视。本书根植于大量的现实案例，结合和拓展单一舆情信息研究中应用较为成熟的理论与方法，研究新媒体环境下带有竞争地位的两种舆情信息的动力学机制、演化规律和干预策略问题，可为舆情管理者提供政策建议，有利于构建完善的应急管理体系，可有效避免经济损失并维持社会的和谐稳定秩序。面对重大突发事件发生后舆情危机的迅速蔓延及新媒体环境下的复杂舆情信息传播环境，政府及时有效地实施干预措施有利于提高其公信力。

二、研究内容

本书具有紧跟时代潮流与紧密联系实际的特点，综合采用理论与案例相结合、实证与仿真相结合、静态与动态相结合的研究思路，深入探究新媒体环境下带有竞争地位的两种舆情信息演化规律与干预策略。根据本章第一节“问题提出”部分所指出的三个方面的研究问题，本节提出与之相对应的三部分研究内容，具体如下：

第一部分研究内容：新媒体环境下带有竞争地位的两种舆情信息划分及其动

力学分析。

重大突发事件发生后往往存在舆情信息广泛扩散的现象，而新媒体环境准入门槛低与使用便捷等特点更是促进了多种舆情信息间的竞争扩散。例如，在2014年马航MH370飞机失联事件中，关于飞机下落的舆情信息包括“MH370很可能遭遇恐怖主义爆炸袭击”与“MH370很可能被劫机”，这两种舆情信息相互竞争公众空间并均得以广泛扩散；2015年美国得州化工厂爆炸事故发生后，迅速涌现了“使用飞机喷洒磷阻燃剂灭火”与“飞机未参与救火”的两种代表性舆情信息，其竞相传播共同推动了舆情危机热度高涨。然而，由于与环境污染舆情信息相比，政企腐败舆情信息的敏感性更高且与民众利益密切相关，因此其受到了人们更为广泛的关注。由此可见，新媒体环境下两种舆情信息间的竞争地位存在一定的差异。基于此，本书采用多案例研究法，提炼两种舆情信息的竞争地位可分为两种：平等竞争与不平等竞争。在此基础上，分析影响两种舆情信息竞争力的相关因素，分别建立带有平等竞争地位与不平等竞争地位的两种舆情信息演化的系统动力学模型，探讨相关因素对两种舆情信息竞争力的影响。

第二部分研究内容：新媒体环境下带有竞争地位的两种舆情信息演化规律探究。

根据上文研究内容，新媒体环境下两种舆情信息间的竞争地位包括平等竞争和不平等竞争，探究带有竞争地位的两种舆情信息演化规律并识别两种舆情信息间的平等或不平等竞争关系对两种舆情信息竞争演化结果的影响，是政府及官方媒体制定有效干预决策的前提和基础。基于此，本书重点关注如下内容：

1. 新媒体环境下带有平等竞争地位的两种舆情信息演化规律

新媒体环境下，突发事件爆发后往往易引发两种舆情信息广泛扩散的现象。两种舆情信息吸引力相同或相近，且内容具有竞争性，即为两种舆情信息处于平等竞争地位。例如，在2017年WannaCry勒索病毒事件中，有关解密方法的讨论引发了“病毒作者公布了解毒密钥”与“通过两次加密可以解密被加密文件”的舆情信息持续涌现，两种舆情信息平等竞争网络空间并最终都得以广泛流传。

有鉴于此，探究新媒体环境下带有平等竞争地位的两种舆情信息演化规律，有利于为应急管理者制定有效干预策略提供参考，以防两种舆情信息都大规模扩散而导致整体舆情演化态势难以调控。为此，本书首先基于多案例研究给出两种舆情信息平等竞争的群体状态划分及平等竞争框架。其次，借助传染病模型的构造思路，建立带有平等竞争地位的两种舆情信息演化模型。最后，通过情景仿真探究两种舆情信息发布时间、新媒体环境下网络平均度增加及两种舆情信息间的平等竞争对两种舆情信息演化结果的影响并提出相应的政策建议。

2. 新媒体环境下带有不平等竞争地位的两种舆情信息演化规律

新媒体环境下，网络空间中往往不仅带有平等竞争地位的两种舆情信息广为流传，而且还存在两种舆情信息不平等竞争扩散的现象。两种舆情信息吸引力不同，且内容具有竞争性，即为两种舆情信息处于不平等竞争地位。例如，在2018年印尼海啸事件中，有关海啸暴发原因的“强烈地震引发海啸”与“民族问题”的两种舆情信息共同竞争网络空间，但民众普遍更加关注海啸灾难的暴发原因与伤亡情况，因此，最终有关海啸事件本身的舆情信息广为流传，而其他舆情信息则逐渐消亡。有鉴于此，探究新媒体环境下带有不平等竞争地位的两种舆情信息演化规律，有利于帮助应急管理者识别调控重点，从而快速有效地缓解舆情危机进一步蔓延。为此，本书首先给出两种舆情信息的不平等竞争框架。其次，借助传染病模型及两种舆情信息的平等竞争模型，构建带有不平等竞争地位的两种舆情信息演化模型。最后，通过情景仿真探究不同干预措施对两种舆情信息不平等竞争演化结果的影响。

第三部分研究内容：新媒体环境下带有竞争地位的两种舆情信息演化的干预策略研究。

在上文研究新媒体环境下带有平等竞争地位和不平等竞争地位的两种舆情信息演化规律的基础上，探究考虑带有竞争地位的两种舆情信息演化规律的干预决策，并进一步深入研究考虑干预信息发布延迟情景下政府及官方媒体的决策时机，有利于为应急管理者制定有效预警与应对决策提供参考。基于此，本书重点研究如下内容：

1. 带有竞争地位的两种舆情信息演化规律的干预决策

新媒体时代，面对突发事件及其衍生的舆情危机，应急管理者力图寻找最优的应对决策。然而，突发事件后往往存在带有平等竞争地位或不平等竞争地位的两种舆情信息共同传播，导致舆情信息演化的整个过程更加复杂难辨。例如，2014 年马航 MH370 客机失联后，“MH370 很可能被劫机”与“MH370 很可能遭遇恐怖主义爆炸袭击”等舆情信息迅速在微博、微信上竞相传播，短时间内助长了社会风险并严重考验了管理者的响应能力。基于此，探究带有竞争地位两种舆情信息演化规律的干预决策设计问题，有利于为政府及官方媒体做出有效的响应措施提供理论指导。为此，本书首先给出带有竞争地位的两种舆情信息演化规律的干预框架。其次，借鉴 Lotka - Volterra 竞争模型的构造思路，构建干预决策模型，并求解干预决策模型的平衡点及其稳定性和稳定条件。最后，通过情景仿真，验证干预决策模型的演化结果，并分析政府及官方媒体制定干预决策时应当重点关注的关键问题。

2. 考虑干预信息发布延迟的决策时机研究

突发事件发生后，考虑到应急管理者做出响应措施需要一定的时间，但与事件相关的舆情信息往往在突发事件发生后便迅速滋生进而广泛扩散，因此，政府及官方媒体为澄清事件真相而发布的干预信息与舆情信息往往存在时间延迟。若政府及官方媒体过早地发布干预信息，则容易因心理调整时间较短而引发公众的过度反应，进而导致公众恐慌情绪持续扩散。然而，若政府及官方媒体迟迟不发布干预信息以澄清事件真相，这就为多种舆情信息的滋生与扩散留存了时间，决策者往往会面临舆情信息大规模传播而导致整体舆情演化态势难以调控的困境。基于此，探究政府及官方媒体最佳的决策时机，有利于为应急管理者制定最优的干预决策提供参考。为此，本书首先从多案例研究的角度入手划分舆情信息与干预信息的演进阶段，并给出考虑干预信息发布延迟的两阶段演进框架。其次，借鉴 Logistic 增长模型及 Lotka - Volterra 竞争模型构造思路并结合舆情信息与干预

信息的演进阶段划分，给出两阶段模型。最后，求解两阶段模型的平衡点及其稳定性和稳定条件，并通过情景仿真探究干预信息不同发布时机及发布强度对舆情信息演化过程的干预效果。

总结以上，按照“提出问题→分析问题→解决问题”的顺序和“动力学分析→演化规律→干预决策”的逻辑组织本书的架构，如图1-1所示。

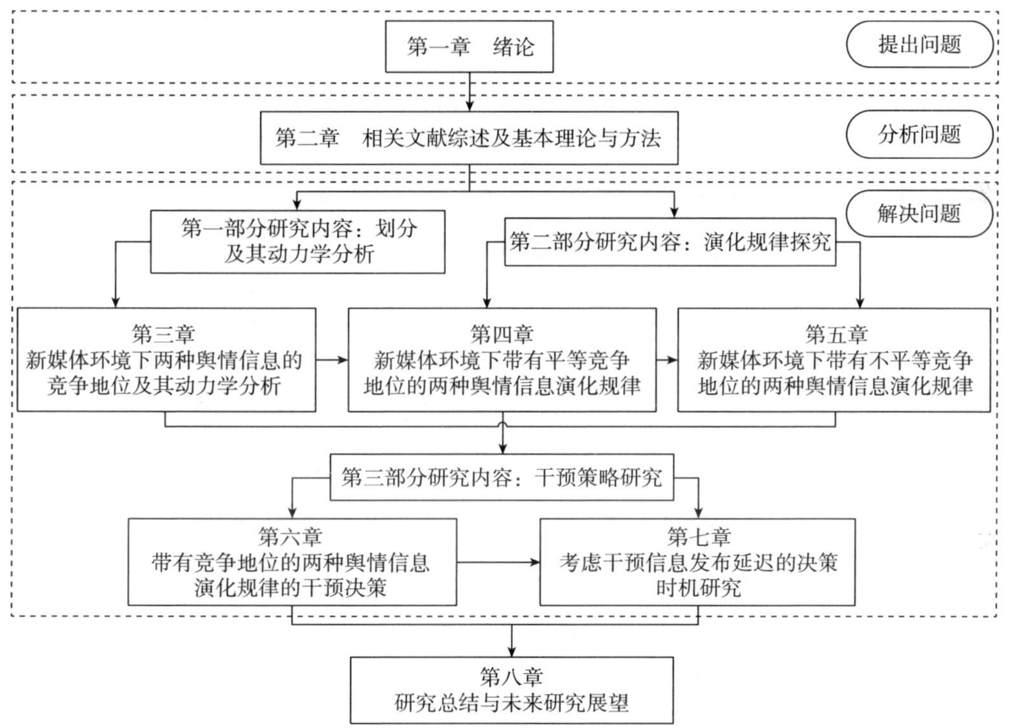

图1-1　研究内容的逻辑结构

资料来源：笔者整理。

由图1-1可知，本书共有八章，上述三部分研究内容主要集中在第三章至第七章。基于此，将各章的详细内容介绍如下：

第一章，首先详细介绍本书的研究背景，并在此基础上提出本书的关键研究问题。其次，阐述本书所研究问题的理论和现实意义，并进一步提出具体的研究内容，给出相关研究内容的组织次序和本书的框架结构。在阐述研究内容的基础上，梳理本书的研究方法和技术路线。最后，指出本书的特色与创新之处。

第二章，首先对与本书研究内容直接相关的文献进行述评，包括新媒体环境下舆情信息的特点、舆情信息的演化规律及干预策略。在此基础上，阐述两种舆情信息演化规律与干预策略研究所涉及的基本理论与方法，包括系统动力学，传染病模型、Logistic 增长模型及 Lotka – Volterra 竞争模型。

第三章，围绕第一部分研究内容——“新媒体环境下两种舆情信息的竞争地位划分及其动力学分析”来开展具体研究。首先，基于多案例研究分析两种舆情信息间的竞争地位，包括平等竞争和不平等竞争。其次，运用系统动力学分别构建带有平等竞争地位和不平等竞争地位的两种舆情信息演化的动力学模型。最后，通过情景仿真验证动力学模型的有效性。

第四章，围绕第二部分研究内容——“新媒体环境下带有平等竞争地位的两种舆情信息演化规律”来开展具体研究。首先，给出两种舆情信息演化的群体状态划分及平等竞争框架。其次，借鉴传染病模型的构造思路，给出带有平等竞争地位的两种舆情信息演化模型。再次，分析所构建模型的平衡点及其稳定性。最后，通过情景仿真验证两种舆情信息平等竞争的演化结果，并考查平等竞争关系、新媒体环境下的网络平均度及舆情信息发布时间对两种舆情信息竞争演化结果的影响。

第五章，围绕第二部分研究内容——“新媒体环境下带有不平等竞争地位的两种舆情信息演化规律”来开展具体研究。首先，给出整个人群的群体状态划分并根据不同群体间的状态转移规则，给出两种舆情信息的不平等竞争框架。其次，借鉴传染病模型及带有平等竞争地位的两种舆情信息演化模型的构造思路，建立两种舆情信息不平等竞争的演化模型。再次，分析所构建模型的平衡点及其稳定性。最后，通过情景仿真验证两种舆情信息不平等竞争的演化结果，并考查不同干预措施对两种舆情信息竞争演化结果的影响。

第六章，围绕第三部分研究内容——“考虑带有竞争地位的两种舆情信息演化规律的干预决策”来开展具体研究。首先，结合相关案例，给出考虑带有竞争地位的两种舆情信息演化规律的干预框架。其次，借鉴 Lotka – Volterra 竞争模型的构造思路，建立干预决策模型。再次，求解所构建模型的平衡点，进一步分析不同平衡点的稳定性及其稳定条件。最后，通过情景仿真验证干预决策模型的演化结果，并考查干预信息的不同竞争系数对干预效果的影响。

第七章，围绕第三部分研究内容——“考虑干预信息发布延迟的决策时机”来开展具体研究。首先，基于多案例研究，对干预信息发布延迟情景下舆情信息和干预信息的演进阶段进行划分，并给出两阶段演进框架。其次，借鉴 Logistic 增长模型及 Lotka – Volterra 竞争模型的构造思路，给出考虑干预信息发布延迟的两阶段模型。再次，分阶段求解模型的平衡点及其稳定性，并给出相应的干预信息发布时间约束。最后，通过情景仿真验证了所构建模型的演化结果，并考查干预信息的不同发布时间及发布强度等因素对干预效果的影响。

第八章，总结前面各章的研究成果，并提出两种舆情信息演化规律与干预决策相关的未来研究方向。

第三节　研究方法与技术路线

近年来，突发事件发生后两种舆情信息共同传播的问题已逐渐引起学者们的广泛关注，而新媒体环境下越来越复杂的舆情信息传播环境使得两种舆情信息的演化过程更加复杂难辨。加之我国的舆情信息研究发展起步较晚，因此舆情信息演化规律的相关研究尚未形成完善的理论和方法体系。基于此，本节梳理本书所使用的研究方法，进而给出本书的技术路线。

一、研究方法

总体来看，本书遵循理论与案例相结合、实证与仿真相结合、静态与动态相结合的研究思路，着重研究新媒体环境下带有竞争地位的两种舆情信息的演化规律（两种舆情信息的竞争地位划分及其动力学、带有竞争地位的演化模型）及干预策略（决策机制、决策时机）问题。为此，下面将按照上一节介绍的各章节研究内容来梳理本书所使用的研究方法，具体介绍如下：

（一）选题依据方面涉及的研究方法

第一章和第二章具体阐述了本书的选题依据，这两章主要采用多案例研究与文献研究方法。首先通过详细分析多个现实案例来阐述本书的研究背景与研究意义，进而提出本书的关键研究问题。其次，通过对当前研究现状进行文献综述，指出当前研究存在的不足之处。最后，回顾当前研究中常用的相关理论与方法，为解决本书的关键研究问题提供基础和指导。

（二）第一部分研究内容的研究方法

“两种舆情信息竞争地位划分及其动力学”研究集中在第三章，主要采用多案例研究、系统动力学与情景仿真的方法。首先，采用多案例研究的方法分析新媒体环境下两种舆情信息的竞争地位，包括平等竞争和不平等竞争。其次，运用系统动力学方法分析两种舆情信息平等竞争和不平等竞争的因果回路图及存量流量图，进而可得两种舆情信息的演进动力学。最后，通过情景仿真验证所构建动力学模型的有效性。

（三）第二部分研究内容的研究方法

“带有竞争地位的两种舆情信息演化规律”研究包括第四章和第五章，主要采用多案例研究、传染病模型与情景仿真的方法。首先，采用多案例研究的方法对两种舆情信息平等竞争与不平等竞争演化过程中的群体状态进行划分，并进一步根据不同群体间的状态转移规则给出两种舆情信息的平等竞争框架（第四章）与不平等竞争框架（第五章）。其次，借鉴传染病模型的构造思路，分别构建两种舆情信息平等竞争的演化模型（第四章）与不平等竞争的演化模型（第五章），进一步分别分析两个模型的平衡点及其稳定性。最后，通过情景仿真验证两种舆情信息平等竞争与不平等竞争的演化结果，并考查模型中的其他关键因素对两种舆情信息竞争演化结果的影响（第四章和第五章）。

（四）第三部分研究内容的研究方法

“带有竞争地位的两种舆情信息演化的干预策略”研究包括第六章和第七章，主要采用多案例研究、Logistic 增长模型、Lotka – Volterra 竞争模型与情景仿真方法。首先，采用多案例研究方法分析带有竞争地位的两种舆情信息演化规律的干预框架（第六章）与考虑干预信息发布延迟的两阶段演进框架（第七章）。其次，借鉴 Logistic 增长模型及 Lotka – Volterra 竞争模型的构造思路，分别给出考虑带有竞争地位的两种舆情信息演化规律的干预决策模型（第六章）与考虑干预信息发布延迟的两阶段模型（第七章）。再次，求解所构建模型的平衡点及其稳定性和稳定条件。最后，通过情景仿真验证考虑两种舆情信息竞争演化规律与干预信息发布延迟的模型演化结果，并考查干预信息的竞争系数、发布时间及强度等因素对舆情信息演化过程干预效果的影响（第六章和第七章）。

（五）全书总结和未来研究展望方面涉及的研究方法

全书总结和未来研究展望在第八章，主要采用归纳研究法。通过归纳前面章节的研究成果，提出本书所做出的理论贡献与为处理实际案例提供的有效指导，并指出两种舆情信息演化规律与干预策略研究领域中未来的研究方向。

二、技术路线

本书以近年来越来越复杂的舆情信息传播环境为研究背景，重点探究新媒体环境下带有竞争地位的两种舆情信息演化规律与干预决策问题，具有紧密联系实际与紧跟时代步伐的特点。因此，正如“研究方法”一节所述，本书遵循理论与案例相结合、实证与仿真相结合、静态与动态相结合的研究思路，主要采用多案例研究、文献研究、系统动力学、传染病模型、Logistic 增长模型、Lotka – Volterra 竞争模型、情景设计和比较分析、情景仿真与实证分析及归纳研究等理论与方法，具体的研究技术路线如图 1 – 2 所示。

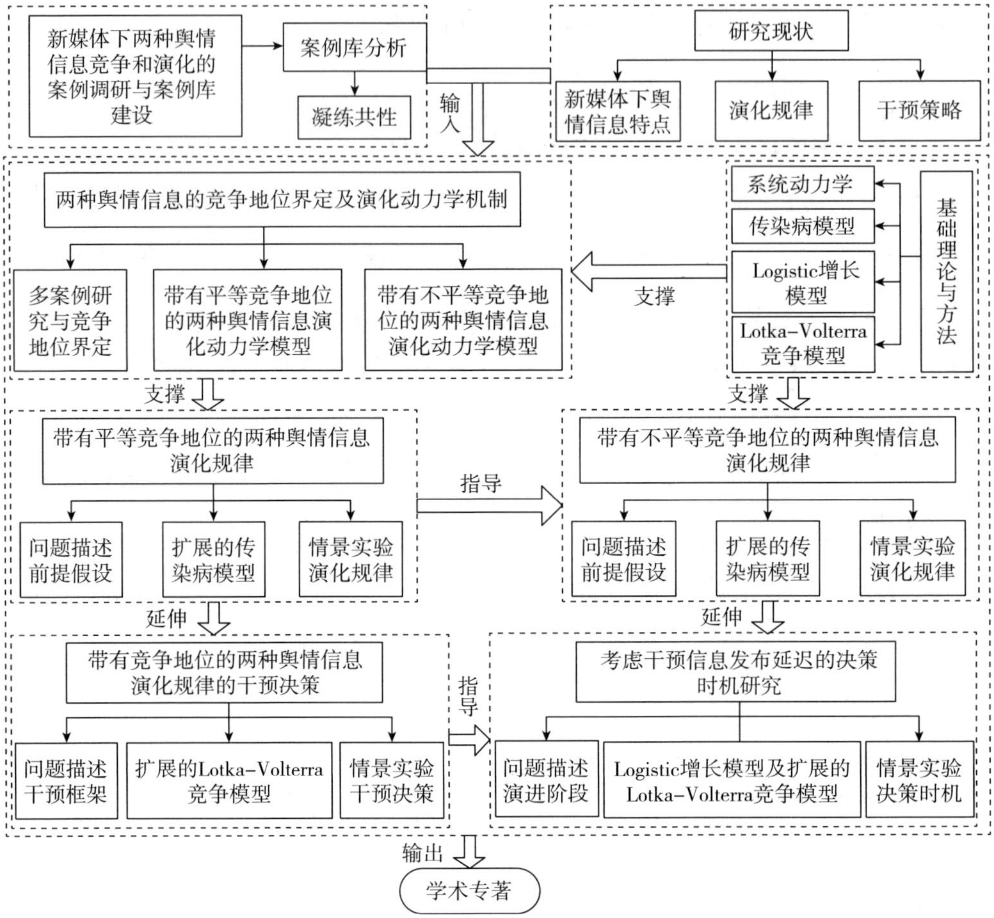

图1-2 本书的技术路线

资料来源：笔者整理。

第四节 研究特色与创新之处

本章上述内容分别对研究背景、问题提出、研究意义、研究内容、研究方法及技术路线进行了详细的分析，基于此，可以归纳出本书主要具有如下特色与创新之处：

1. 动力学研究考虑了舆论场反馈作用及两种舆情信息的竞争地位

突发事件发生后往往存在两种舆情信息共同传播现象，新媒体环境下舆论场反馈作用更是激化了舆情信息演化态势的迅速发展，且两种舆情信息间的竞争关系也更加复杂难辨。然而，当前舆情信息动力学研究中较少考虑舆论场的反馈作用对舆情信息演化过程的影响，且现有研究大多数仅仅提出两种舆情信息间存在竞争关系，而对两种舆情信息间竞争地位的研究尚有欠缺。基于此，本书通过多案例研究提炼了两种舆情信息间的竞争地位，包括平等竞争和不平等竞争。在此基础上，考虑新媒体环境下舆论场的反馈作用，分别构建了带有平等竞争地位和不平等竞争地位的两种舆情信息演化的动力学模型，这也是探究新媒体环境下带有竞争地位的两种舆情信息演化规律的前提和基础。

2. 以平等和不平等竞争为切入点研究两种舆情信息的竞争演化规律

新媒体环境下的舆情信息演化环境越来越复杂，两种舆情信息间复杂的竞争关系使得舆情信息的演化规律更加难以辨别。然而，当前舆情信息演化规律研究中较少对两种舆情信息间的竞争地位进行细分。基于此，本书从多案例研究入手，识别两种舆情信息间的竞争地位，包括平等竞争和不平等竞争。在此基础上，借鉴传染病模型的构造思路，分别构建两种舆情信息间的平等竞争模型和不平等竞争模型。进一步地，通过情景仿真揭示两种舆情信息平等竞争和不平等竞争的演化规律，并比较分析带有不同竞争地位的两种舆情信息演化轨迹的相似之处与不同之处，这有利于为政府及官方媒体制定行之有效的干预决策提供参考。

3. 干预策略研究考虑了两种舆情信息的竞争地位与干预信息发布延迟

当前舆情信息演化干预策略研究较少考虑政府及官方媒体所发布的干预信息与经由网络媒体而大肆传播的舆情信息之间的发布时间差异，并且大多数关于干预策略的研究文献仅仅考虑了一种舆情信息，而针对新媒体环境下带有竞争地位的两种主导性舆情信息演化的干预策略研究尚有欠缺。基于此，本书在研究带有竞争地位的两种舆情信息演化规律的基础上，探究考虑带有竞争地位的两种舆情信息演化规律的干预决策问题，通过情景仿真考查具有不同竞争力的干预信息对两种舆情信息演化过程的干预效果。进一步，考虑干预信息发布延迟因素，给出舆情信息与干预信息演化的两阶段模型，并考查干预信息的不同发布时间对干预效果的影响，以期为政府及官方媒体及时有效发布舆情信息提供指导。

第二章 相关文献综述及基本理论与方法

近年来，频繁爆发的突发事件往往极易引发多种舆情信息广泛扩散的现象，给人们正常的生产生活及社会稳定秩序带来深远影响。因此，突发事件发生后的舆情信息演化规律研究逐渐引起学术界的广泛关注。考虑到与本书研究内容的直接相关性，本章对新媒体环境下舆情信息特点的相关文献、舆情信息演化规律的相关文献及舆情信息干预策略的相关文献进行梳理和评述。在此基础上，介绍本书研究内容所涉及的基本理论与方法，以期为后续章节研究提供理论依据。

第一节 新媒体环境下舆情信息的特点及其文献综述

随着网络技术的不断发展，我国逐步进入新媒体时代。新媒体环境下，“两微一端”所具有的准入门槛低和使用便捷等特点，更是为突发事件发生后多种舆情信息的出现和竞争创造了条件。多种舆情信息的持续扩散不仅会给人们的心理和情绪带来沉重而又深远的间接危害，也严重考验着应急管理者的危机公关能力。鉴于此，本节对新媒体环境下舆情信息的特点进行介绍，并着重对舆情信息特点的研究成果进行回顾和评述，为后续章节从新媒体环境下舆情信息的特点入手研究两种舆情信息动力学提供参考。

一、新媒体环境下舆情信息的特点

当前，面临新媒体环境下越来越复杂的舆情信息演化过程，有关舆情信息的特点及演化规律研究正受到学者们广泛的关注和重视，并逐步成为研究热点之一。明晰舆情信息的概念及新媒体环境下舆情信息的特点是研究舆情信息演化规律的基础和前提。

（一）舆情信息的概念

舆情信息的概念由舆情衍生而来，因此要理解舆情信息的含义，有必要明确舆情的定义。早期，我国学者对舆情概念进行了深入挖掘，其中王来华（2004）指出“舆情”中的“舆”字最早出现在春秋末期，其本意为车厢，且人们最早用“舆人”表示造车的人。随着该词的出现，“舆人之涌”及“舆人之谤”等名词也相继出现，被用来表示人民的意见、言论等。“舆”“情”二字的连用，最早表达的是百姓的情感和情绪，唐喜亮（2008）认为“舆情”最早出自唐朝诗人李中所作的《献乔侍郎》诗句中，即“格论思名士，舆情渴直臣”，表达了百姓对某种意愿的渴望。此外，《辞源》中将“舆情”解释为“民众的意愿”，《现代汉语词典》中对“舆情”的解释则为“群众的看法、意见”。综上可知，“舆情”不仅包含“意见”等含义，还用来表达群众的“情绪”。此外，王来华（2018）提出深入展开舆情研究的几个重要问题之一是明确“舆情”与“舆论”概念的区别。据此，部分学者也进行了相关研究，丁柏铨（2017）指出舆情和舆论均能够表达百姓的心声，若百姓心声得到表达，则称之为舆论，也称之为舆情；若百姓心声未得到表达，则称之为舆情。除此之外，两者还存在本质的区别：①主体的数量。舆情的主体既可以是个体，也可以是群体，而舆论的主体则一定是群体。②内容的显性和隐性。一般而言舆论偏外向，其内容只能是显性，相比之下舆情既可呈显性，也可呈隐性，它能够同时表达公开的意见和内心的情感和情绪。③舆情可向舆论转化。一般而言，先有舆情后有舆论，经过舆情的刺

激后，往往会产生大量的舆论。

近年来，国内学者关于舆情基本概念的探讨已经形成了多种意见，其中比较权威和代表性的观点主要有如下三种：①早期，国内学者王来华（2003）的第一部舆情基础理论专著深入探讨了舆情的基本含义，并初步确定了我国舆情研究的基础理论框架，指出：舆情是指处于一定社会空间的主体民众对作为客体的国家管理者产生和持有的社会政治态度[①]。然而人们认为该定义虽然揭示了舆情内涵的核心内容，但相关的解释过于狭隘，并不具有代表性。②张克生（2004）又扩展了舆情的概念，认为舆情是国家决策主体在决策活动中必然涉及的、关乎民众利益的民情、民力和民众中蕴含的知识和智力等社会客观情况，以及民众在认知、情感和意志基础上，对社会客观情况及国家决策产生的主观社会政治态度[②]，该定义从多个方面全面概括了舆情的定义，具有较好的代表性，因此不少学者将此定义称为"广义舆情"。③部分学者对广义舆情概念又作进一步的拓展，刘毅（2007）在其著作《网络舆情研究概论》中强调，舆情是社会空间内的个体和群体对自己关心或者与自身利益密切相关的各种公共事务所持有的多种情绪、意愿、态度和意见交错的综合[③]。

鉴于以上定义，由于本书侧重于研究群众意见和情绪的表达，因此本文将舆情的概念定义为：舆情是社会公众在一定的社会空间内，对自己关心的特定事件以及关乎自身利益的公共事务的群体性情绪、意愿、态度、要求的总和。依据此定义，可将舆情概括为六大要素：舆情主体、舆情客体、舆情激体、舆情承体、舆情本体和舆情载体（张元龙，2009）。其中舆情主体是由个体和群众组成的社会公众；舆情客体是舆情的具体指向，一般包括公共事物的直接掌控者和事件的直接关联者；舆情激体是舆情产生的导火索，包括公众关心的特定事件和关乎民众切身利益的公共事务；舆情承体是舆情产生的时空情景以及社会、历史等相关

---

① 王来华，林竹，毕宏音．对舆情、民意和舆论三概念异同的初步辨析［J］．新视野，2004（4）：64－66.

② 张克生．舆情机制：国家决策：机制与舆情［M］．天津：天津社会科学院出版社，2004.

③ 刘毅．网络舆情研究概论［M］．天津：天津人民出版社，2007.

因素；舆情本体是舆情的内容本身，包括社会公众的情绪、意愿、态度、意见等。新媒体环境下，舆情载体也是舆情构成的要素之一，它是舆情扩散的媒介，包括电视、广播等传统媒体和数字电视、手机短信等新媒体以及微博、微信等自媒体。

基于以上舆情的定义，本书研究的舆情信息属于舆情六要素中的舆情本体，即舆情内容本身。例如，在2011年日本核泄漏事件中，主要的舆情信息可以理解为“碘盐能够预防和治疗核辐射”及“海水遭受核污染，碘盐从此变核盐”等信息。在正确理解舆情信息的概念的基础上，本书将进一步探究舆情信息的演化规律，以期为决策者实施有效的舆情管控策略提供参考。

（二）舆情信息的特点

目前，学术界关于舆情信息特点的认识不一，本书在总结舆情信息传播案例时，发现在不同的载体和承体下，舆情传播会呈现出不同的特征，但总体而言，舆情信息存在以下普遍特点：

（1）目的性。舆情信息一般会为满足主体的某些利益，具有明显的需求目标倾向性，例如宣泄情绪、表达不满等。例如，2018年美国加州山火爆发后，消防部门及当地管理人员拼尽全力扑灭大火，而政府官员却表示此次大火是森林管理不当所致，引发了公众的质疑与批判。

（2）综合性。正如前文所述，舆情是群体性情绪、意愿、态度、要求等的总和，因此，舆情信息表现的是公众的观点、态度等，某一个体反映的舆情信息往往不能代表全体民众，只有综合掌握所有个体的社会政治态度，才能了解舆情。

然而，随着新媒体时代的来临，舆情信息的传播媒介发生了巨大的变化，一些以互联网为依托的新媒体开始成为舆情信息传播的主流媒介，新媒体的便捷性为舆情信息的快速传播提供了良好的平台。与传统媒体的最大区别是，新媒体环境下的舆情信息传播速度更快、方式更便捷。此外，新媒体环境下，每个个体都可能成为信息传播的渠道，人人都能表达自己的见解、态度和观点等，例如通过

微信、微博等，每个人都能随时随地分享周边发生的新鲜事物，也能自由地关注任何话题并发表自己的言论。基于此，根据舆情信息的定义，并结合当前的现实案例可进一步获知新媒体环境下舆情信息的特点：

（1）传播迅速性。依附于网络平台的舆情信息，突破了时间和空间的限制，并借助于互联网平台快速、便捷以及覆盖面广等优势，在短时间内无限扩大其影响范围，迅速发酵进而发展成舆情危机事件，可见，新媒体时代舆情信息的特点之一是传播迅速性。

（2）信息多元性。新媒体时代背景下，每一个体都能通过移动网络平台发表自己的意见和观点，社会公众在表达自身观点、抒发内心情感等方面也具有了很大的自由性和便捷性。对于不同的主体，由于社会认知以及教育环境等因素的差异性，往往会对同一舆情客体产生不同的观点和态度，进而造成舆情信息内容的多元性。因此，新媒体环境下往往存在多种舆情信息共同传播。

（3）内容多变性。突发事件发生后的舆情信息传播是一个具有动态变化性的过程。当突发事件发生后，通过新媒体网络迅速传播的舆情信息会随着时间的推移而变化，原始的舆情信息不断更新并产生新的舆情信息，同时由于公众对事件持有不同的态度，进而促使舆情信息的内容不断发生改变。

（4）意见指向性。新媒体环境下的舆情信息往往具有明确的指向性。在舆情信息传播过程中，会出现某种或者多种舆情信息是网民关注的重点，网络舆论中常常伴有“一边倒”或“双方敌对”等情况的出现，这说明新媒体环境下，多种舆情信息往往存在着相互竞争的关系，且能够影响舆情信息的演化趋势。

（5）信息源模糊性。新媒体环境下，某些个体或团体为了获取个人利益或博取公众眼球，在信息发布时刻意模糊信息来源，甚至捏造一个现实中不存在的信息来源。此时，若政府与有关部门不及时发布权威信息，任由多种舆情信息不断滋生并广泛扩散，真实信息被掩盖，最终会引发一系列的次生事件。

综合以上新媒体环境下舆情信息的特点，可以发现新媒体环境中往往存在多种舆情信息，并且新媒体环境下舆情信息的意见指向性使得多种舆情信息间存在相互竞争关系，导致舆情信息的演化过程更加复杂难辨。因此，本书后续章节将进一步探究舆情信息间的相互竞争关系对其演化过程的影响。

二、文献梳理与评述

不同于传统媒体，新媒体环境下，舆情信息的多元性以及传播的迅速性等特点加大了政府实施防控策略的难度。因此，为了有效了解舆情信息的演化规律并进行正确的引导，从而减少舆情信息传播给社会以及人类生活带来的危害，掌握新媒体环境下舆情信息的特点是研究舆情信息演化规律的前提和基础。目前关于新媒体环境下舆情信息特点的研究，主要集中在舆情信息传播内容和舆情信息传播过程。

（一）舆情信息传播内容的特点

宋宇（2016）在提出关于新媒体环境下政府加强舆情信息工作的对策建议时，指出新媒体的迅速发展为群众创造了便捷的平台，舆情信息主体的多样性使得舆情信息内容更加多元化。Zhu 等（2019）指出，社交媒体的发展一方面促进了虚假信息的迅速传播，另一方面加快了信息更新的速度，并建立 DMCU 模型对原始信息与更新信息的竞争传播进行深入研究。刘泾（2018）深入探讨了新媒体时代网络舆情的发展特点和趋势，其认为新媒体时代舆情信息传播的主体异于传统媒体时代，且该环境下舆情信息与公共领域的联系更加密切，包括医疗卫生和环境保护等。Wang 等（2019）通过构建多维的网络模型，分析了关于某一具体事件的舆论在即时开放的社会媒体中的形成过程，并提出网络媒体下的舆情信息传播往往是多维度、多层次的。刘亚男（2017）分析了当前我国网络舆情研究的现状以及网络舆情的基础理论研究，并提出相较于其他舆情的形态，网络舆情信息传播具有庞杂、互动性强以及危害性大等特点。沈慧（2018）认为在新媒体时代下，每一位群众都能够通过该平台表达自己内心最真实的情感，因此新媒体时代舆情信息的内容具有一定的主观性和偏差性。Xu 和 Zhang（2012）指出新媒体环境下，网络舆情信息传播具有社会网络的多维性和交互性等特点。王晰巍等（2017）认为我国重大的突发舆情事件大都是经过新媒体传播，且经过新媒体转

载的舆情信息的影响力和覆盖面也得到了明显的扩大。

（二）舆情信息传播过程的特点

张桢（2016）从网络舆情的新特征和发展的新趋势两个方面对新媒体环境下的网络舆情信息传播进行了深入的探讨，并提出舆情信息经过媒体网络以各式各样的方式传播，一旦被激活，其对社会和群众的危害将呈现病毒式的扩展。Yu等（2017）认为在新媒体环境下，通过正确引导突发事件下的舆情信息传播方向，往往能够缓解群众的恐慌情绪，并以危险化学品泄漏事件为例，构建相关模型进行深入研究。Zhang 和 Wang（2017）以雄安新区为研究对象，通过收集网络数据，并建立时间延迟微分方程来研究自媒体时代舆情信息传播的规律，研究结果表明，相较于传统传播渠道，自媒体时代舆情信息传播的速度和影响的范围明显增大。胡珑瑛和董靖巍（2016）提出相较于传统媒体而言，新媒体环境下舆情信息传播具有爆炸性和自发性等特点，并以网民、政府、媒体等为主体构建仿真模型，研究主体的属性以及主体间的相互关系对政府干预舆情信息演化过程的影响。胡婷婷（2015）分析了近年来热门的舆情信息传播事件及其对社会的负面影响，指出新媒体时代舆情信息极易得到大范围传播，且传播具有即时性。刘毅（2007）详细探讨了网络舆情信息的相关概念以及网络舆情信息的特点，指出网络舆情信息的传播过程具有自由性、不可控性以及群体极化性等特点。

以上研究成果可为分析新媒体环境下掌握舆情信息的演化规律、引导舆情信息的演化方向提供有效的决策支持。但是不难发现，关于新媒体环境下舆情信息特点的研究较少考虑多种舆情信息的相互竞争关系对舆情信息演化趋势的影响。为此，本书基于多案例研究探究提取新媒体环境下舆情信息演化过程中的多种舆情信息并进一步将其归为两类，从两种舆情信息间的竞争地位入手研究新媒体环境下两种舆情信息的演化规律与干预策略。

第二节 舆情信息演化规律的文献综述

根据中国互联网络信息中心发布的第 43 次《中国互联网络发展状况统计报告》，截至 2018 年 12 月，我国网民规模达 8.29 亿，普及率达 59.6%①。我国互联网事业的发展给新媒体环境下的舆情信息传播创造了有利环境，尤其伴随着以微信、微博、QQ 和博客等为代表的自媒体的快速发展，大大促进了舆情信息的获取与传播。然而由于信息不对称等原因，舆情信息在演化过程中又极易引发次生事件。例如，2003 年由 SARS 事件引发的舆情信息（“板蓝根、白醋可以防止疾病传染”等），造成了公众对板蓝根、白醋等商品的抢购；2011 年由日本核泄漏事件引发的舆情信息（“碘盐可以防止核辐射”以及“我国海水受核辐射污染，市场今后将无法供应碘盐”），导致了我国出现大规模抢盐风潮。此类由舆情信息引发的危机事件往往能够引发公众的恐慌心理、社会安全隐患以及市场秩序混乱等问题。鉴于此，快速准确地掌握新媒体环境下舆情信息的演化规律对于舆情信息演化方向的引导和舆情危机的防控决策问题具有重要意义。为此，本节从单一舆情信息和多种舆情信息两个方面分别对舆情信息的演化规律进行文献梳理和评述，以期为后续章节研究新媒体环境下带有竞争地位的两种舆情信息演化规律提供参考依据。

一、单一舆情信息演化的文献梳理与评述

目前学术界有关单一舆情信息演化的研究成果主要可以归结为两大类：一是有关舆情信息演化过程建模的研究，二是有关舆情信息演化过程中影响因素的研

① 中国互联网络信息中心．中国互联网络发展状况统计报告［EB/OL］．http：//www.cnnic.cn/hlwfzyj/hlwfzyj/hlwxzbg/hlwtjbg/201902/t20190228_70645.html，2019－02－28.

究。两者都旨在为舆情信息管理及其防控工作提供相应的理论指导。以下将从这两大方面进行具体阐述：

（一）演化过程建模

（1）基于元胞自动机的建模研究。通过考虑元胞特性探讨其对舆情信息演化的影响。例如，罗晓东（2015）在传统元胞自动机模型的基础上，加入了网络舆情主体移动性特征，构建了移动元胞自动机模型用以研究舆情信息演化规律。范英盛等（2016）通过将元胞定义为舆情信息传播者、不知情者、将信将疑者和免疫者四类，并制定元胞状态演变规则，模拟了舆情信息传播的过程，发现当免疫者占据大多数时，舆情信息将无法继续传播。宋姜等（2015）构建了含有网民沉默因素的元胞自动机模型，探讨了不同观点的网民比例及网民沉默因素对舆情信息演化的影响。毛乾任等（2017）考虑个体异质属性和个体间意见交互特征，建立了含有导控决策的元胞自动机模型。党小超等（2014）考虑信息传播过程中普遍存在模糊性的特点，构建了网络舆情传播的元胞自动机模型。邓青等（2016）结合周围邻居、用户抵抗力、外界环境等因素，构建元胞自动机模型，并探讨这些因素对舆情信息传播过程的影响。

（2）基于复杂网络的建模研究。个体间的差异会导致舆情信息在个体间的传播概率不同，舆情信息在具有不同网络拓扑结构的人际关系网上的传播规律也不相同。复杂网络理论的发展为解决这个问题提供了基础。Ren 等（2017）考虑了个体在传播中的信息优先和偏好行为，并结合中国移动服务商通话数据构建了经验性社会网络，其研究结果能充分反映社会网络结构和人的行为对信息传播的影响。于凯等（2015）同时考虑线上网络与线下网络的作用，运用传播学与社会心理学理论，构建了线上线下双层耦合模型。宋楠等（2015）通过 BA 无标度网络模型刻画社会结构，模拟恐怖信息在网络中的传播，得出网络恐怖信息传播速度主要受网络结构和个体从众程度的影响，而与恐怖集团的传播决策关系不大。Zhao 等（2013）研究了舆情信息在 BBV 加权网络上传播情况，发现群体分类依赖于节点强度，进一步通过建立该类型网络下的平均场方程，从而得到舆情信息传播阈值。Wang 等

（2017）基于复杂网络，研究了疾病传播与信息蔓延的交互作用，发现信息传播效率及人员流动方式对疾病传播有着重要影响。Ou 等（2017）分析了信息异质性对于小世界网络和随机网络中信息传播的影响，通过对人工网络和现实网络的仿真，发现较强的信息异质性会使得信息传播的生命周期延长。Trpevski 等（2010）研究发现：当节点的度非常高或者网络中存在众多聚类的节点时，传播率较高的舆情信息在网络中占据主导地位，而传播率较低的舆情信息会逐渐消失。Wu 等（2014）将节点对信息的信任水平定义为某一函数，分析了节点行为对信息传播的影响。Liu 和 Zhang（2014）考虑网络结构的动态性，研究了网络节点重新连接决策下的信息传播，发现在此决策下，信息传播速度更快、范围更广。

（3）基于多主体的建模研究。多主体系统是由多个拥有不同属性的主体组成的系统，且主体的各个属性有不同的属性值。当主体自身属性值变动时，整个多主体系统在宏观效应上发生着变化。例如，哈达等（2017）综合了 Agent 和动力学微分方程的思路，考虑人群中个体行为影响，建立了舆情信息演化模型。孙雷霆等（2017）在 Anylogic 仿真平台利用多主体建模方法，考虑主体的行为因素，构建了虚假舆情信息传播的巴斯扩散仿真模型。强韶华和吴鹏（2015）以网民个体为中心并考虑个体属性，分析了网络舆情信息产生的内在动因。

（4）基于传染病的建模研究。主要是基于传统的传染病模型或在其基础上添加个体加以拓展。例如，陈波等（2011）借鉴传染病模型的思路对突发事件舆情信息传播规律加以分析和研究，最终构建了带有直接免疫的 SEIR 舆情信息传播模型。赵俊等（2016）将经典的舆情信息传播模型拓展为具有发酵期的舆情信息传播模型，在保证社会效用最大化的前提下运用最优控制理论及庞特里亚最大值原理，得到政府的最优控制决策。Zhou 等（2007）通过建立 SIR 传播模型，探讨了网络拓扑结构对舆情信息传播的影响，并提出当网络结构趋向于无标度网络时，舆情信息的最终影响范围会减小。Liang 和 Ma（2017）考虑到政府实施科普教育的作用，结合舆情信息传播过程中的个体免疫及信息延迟等特征构建了舆情信息传播模型。Zhao 等（2013）考虑了新媒体时代传播者容易遗忘的因素，建立了带有遗忘机制的舆情信息传播模型。

（5）基于混沌及涌现的建模研究。从无秩序、无规则、无组织的多种个体意见到最终形成特定倾向的大众舆论，是明显的复杂系统演化过程。个体的行为具体表现为：不同意见交换；个体的感受、心理、态度的变化；少数服从多数等。李德毅等（2007）通过研究音乐厅自发同步的掌声，建立了用以描述多个体系统集体行为的涌现模型，揭示了涌现行为的不确定性和多样性。吴尤可（2017）针对微信中舆情信息涌现性特征，构建了舆情信息仿真模型，对微信中舆情信息的涌现情况及控制方法进行研究并提出了合理化建议。刘常昱等（2008）考虑了人际关系影响因素，并引入个体意见的不确定因子和个体间的信任因子，建立了舆情信息涌现的仿真模型。

（二）影响因素分析

当前有关舆情信息演化过程中影响因素的研究大致可以从以下三个方面进行介绍：

（1）基于系统动力学方法分析各种因素的相互作用关系。例如，狄国强等（2012）从事件、网民、媒体、政府等角度分析网络舆情信息传播的推动因素。袁国平和许晓兵（2015）考虑了事件敏感度、事件公共度、网民质疑度、政府公信力等因素对网络舆情信息传播的影响，建立了系统动力学模型，以期对引导网络舆情信息演化态势提供有效建议。

（2）基于具体突发事件案例或特定传播媒介上的舆情信息来研究相关影响因素。例如，余乐安等（2015）基于系统动力学将模型划分为网民子块、政府子块、网媒子块，分析了水污染突发公共事件下舆情信息的扩散规律，以探讨有效的危机应急决策。赵丹等（2016）从信息生态视角出发，探讨了新媒体环境下微博舆情信息传播的影响因素并构建了微博舆情信息传播态势模型，分析相关因素对舆情信息传播态势的影响。洪小娟等（2016）以食品安全微博舆情事件为例，探究舆情信息传播能力的影响因素，发现舆情信息传播网络整体呈现出无标度特性，同时微博媒体的权威性、专业性、参与度能够显著影响舆情信息的传播能力。王晰巍等（2013）从信息传播路径角度入手，深入剖析网络舆情信息传播规律，研究表明移动端网络舆情信息传播路径以多级传播型为主，移动端用户节点具有更强的用户影响力。

(3) 考虑舆情信息在演化过程中特殊个体对舆情信息演化的影响。Kawamoto 和 Hatano（2014）提出了网络中信息传播可能存在一种螺旋传播机理，即信息从一个源节点传播得非常远，并发现个体传播信息的概率较高情况下，螺旋传播现象出现的可能性较大。Buechel 等（2015）研究了社交网络舆情动力模型，并发现个体意见的中心性不断加强，会导致群体意见一致性降低。Verma 等（2014）分析了意见顽固者（即坚持自身观点，并希望劝服他人的个体）对群体的影响，发现其观点动力服从名义博弈模型。Lee 和 Chun（2016）应用社会判断理论与沉默螺旋理论分析了网络评论的影响及公众对于网络评论的接受程度，发现对于持有消极初始观点的个体，其接受消极网络评论的程度更大。Morales 等（2014）通过运用结构化方法及人群间交互作用的动力模式，刻画了个体行为对集体性反应的影响，发现影响力较大的用户发布的信息会造成显著的集体性反应。

二、多种舆情信息演化的文献梳理与评述

在现实生活中，除了单一舆情信息的演化，往往也存在多种舆情信息在公众空间中共同传播的现象。例如，2011 年欧洲“毒黄瓜”事件中“西班牙黄瓜是罪魁祸首”与“芽苗菜是造成疫情的源头”等舆情信息在网络上持续发酵；2018 年印尼海啸事件中“海啸是由火山喷发引起”等舆情信息引发了公众的广泛讨论。鉴于此，多种舆情信息的演化规律研究已逐渐引起学者们的广泛关注，主要研究成果集中在两个方面：一是多种舆情信息的演化模型构建；二是多种舆情信息间的交互作用规律识别。具体说明如下：

（一）多种舆情信息间的演化模型构建

任建超和韩青（2017）通过建立修正 Bass 模型分析食品安全事件中正面信息和负面信息的扩散过程，提出正负信息的相互渗透率共同影响稳定状态时负面

信息的扩散规模。Liu 等（2016）在经典的 SIR 模型中增加了犹豫者作为双重信息竞争的中立状态，运用蒙特卡罗方法和平均场理论来详细分析两种竞争性信息的传播动态。Zhang 和 Zhu（2018）分别在均匀网络和异构网络中建立了 I2S2R 模型，研究两种谣言的传播动态并进行稳定性分析。宋清华和陈建宏（2017）在经典的 SIR 模型中加入辟谣及反馈机制，并运用四阶龙格—库塔方法对模型进行求解，分析辟谣信息反馈机制对谣言传播的影响。Wang 等（2014）通过建立 2SI2R 模型，分析同时出现具有不同吸引力的两种谣言的传播动态。Huo 和 Song（2016）基于科学知识的传播和谣言传播的平行关系，提出一种 4D 动态模型并进行数值模拟，研究突发事件情景下科学知识和谣言之间的传播动态。Zhang 等（2014）将 Lotka – Volterra 竞争模型与合作模型结合，进一步研究了不同社会网络结构中多种信息间的交互传播与演化规律，提出不同类型的信息可以在较高的临界速度和激烈的竞争环境下共存。Wen 等（2015）基于 SIR 模型，从节点级别构建了正面信息和负面信息共同传播的分析模型，研究在线社交网络中两种信息的传播动力学及人们的传播行为。Zan（2018）从两种谣言具有不同的发布时间方面，建立了两种谣言传播的 DSIR 模型。

（二）多种舆情信息的交互作用规律识别

Trpevski 等（2010）提出具有不同接受概率的两种谣言可以在节点间传播，但是传播不对称，节点总是优先传播更有吸引力的谣言。王筱莉等（2015）在非均匀网络中建立考虑辟谣机制的谣言传播模型，研究辟谣强度对谣言传播过程的影响。Jie 等（2016）建立了一个基于常微分方程系统的模型，研究对称条件下两种谣言之间的相互作用，提出在某些情况下两种谣言会加速对方的传播，而另一些情况则会阻碍或减缓对方的传播。霍良安和黄培清（2015）建立了真实信息和伪信息的竞争扩散模型，并对模型进行稳定性分析，分析不同条件下两种信息的竞争结果，为应急管理者制定有效的管控措施提供参考。陈业华等（2015）将公共场所突发事件情景下的信息分为积极信息和消极信息，并基于 Gilpin – Ayala 扩散模型对两种信息的传播动态进行分析。Xie 等（2012）通过建立数学模型并进行数值模拟研究了复杂网络中两种竞争性舆情信息的传播动态。Del Vicario 等（2016）通过对大量数据集的全面定量分析，研究了科学信息和错误信息之间的传播动态，并提出错误信息传播的生命周期与规模呈正相关关系。Yan 和 Jiang（2018）考虑人们的群体心理，运用动态系统方法来研究正面信息和负面信息的竞争结果。Katsyri 等（2016）提出社交媒体中的负面信息比正面信息能够吸引更多的关注。Yang 等（2018）通过分析 Facebook 数据集中真实信息和虚假信息之间的竞争，发现真实信息传播者在 Facebook 网络上的信息传播中起着关键作用。目前有关两种舆情信息的研究成果相对较少，且大多集中探讨两种舆情信息的演化机理，考虑到舆情信息演化与疾病感染的相似性，用于研究两种疾病感染过程的相关文献也值得借鉴。例如，Liu 等（2018）基于随机延迟的 SIR 模型研究了两种疾病的动态传播规律。Zhang 等（2017）基于随机 SIS 模型对两种疾病灭绝和持续传播的充分条件进行研究。Meng 等（2016）提出基于非线性发生率和两种传染病假设的数学模型，研究随机扰动对传染病持续性的影响。

以上研究成果不仅为人们了解和掌握舆情信息演化规律提供理论支持，同样也为引导和干预舆情信息的演化态势提供决策支持。但是，总体而言关于两种舆情信息演化的文献大多集中于竞争或交互作用的规律分析，很少基于现实案例考虑两种舆情信息间竞争地位的细分，如平等和不平等竞争。为此，本书将结合现有单一舆情信息及多种信息演化的研究成果，探究两种舆情信息的竞争地位划分及其演化规律。在此基础上，分别研究带有平等竞争地位和不平等竞争地位的两种舆情信息演化规律，以期为应急管理者做出有效的响应决策提供理论参考。

第三节　舆情信息干预策略的文献综述

舆情信息的广泛传播在一定程度上能够激发公众之间的观点交流和社会进步，但与此同时，由舆情信息带来的一些负面影响不容忽视。例如，在 2014 年马航

MH370 飞机失事事件中，“MH370 很可能遭遇恐怖主义爆炸袭击”等舆情信息在公众空间中广泛传播，引发了公众的不断猜疑和恐慌情绪的持续扩散。2018 年美国加州山火爆发后，有关“火灾根源是森林严重管理不善”的舆情信息在当地不断传播，引发公众对政府官员的不满与质疑。因此舆情信息干预作为引导和掌控舆情信息演化态势的关键工作，值得关注和重视。于是，在 2014 年，国务院印发的《2014 年政府信息公开工作要点》中就提出建立健全政务舆情的收集、研判、处置和回应机制[①]；2016 年 4 月 19 日，习近平总书记在网络安全与信息工作座谈会上再次谈到要正确把握和引导网络舆论的工作。由此可见，我国对舆情信息管控和引导工作的重视程度。在信息发展多元化的新媒体时代，舆情信息的干预和引导不仅成为我国政府面临的一项重要挑战，同样也逐渐成为各个企业、组织和个体为维护自身利益所面临的一个重要现实问题。基于此，本节首先对舆情信息干预决策的相关概念进行介绍，其次对舆情信息干预的相关研究进行文献梳理和评述，进而为后续章节研究带有竞争地位的两种舆情信息演化的干预决策提供参考依据。

一、舆情信息干预策略的相关概念

随着我国互联网事业的蓬勃发展，我国进入信息大爆炸的时代。尤其是随着区别于传统媒体（报纸、电台等）的自媒体（微博、QQ 和微信等）传播平台的出现，使得舆情信息的传播主体不再只限制于专业的媒体机构，现实生活中的每一位普通网民都能够成为信息的发布者，这就更加方便了信息的接收与传播。虽然这在一定程度上促进了社会中人人均可发声的自由，但据《中国新媒体发展报告（2013）》介绍，在 2012 年中的 100 条热点舆情信息中有 1/3 属于不实信息。因此，对这些不实或者可能会造成社会危机的舆情信息，采取正确的干预决策进行行之有效的引导是必不可少的。那么舆情信息干预究竟是什么？我们又该如何做好舆情信息的干预工作呢？

---

① 国务院办公厅.2014 年政府信息公开工作要点［EB/OL］.http://www.gov.cn/zhengce/content/2014-04/01/content_8728.html，2014-04-01.

舆情信息干预，顾名思义，就是对舆情信息进行过问、引导和管控。学术界的相关学者根据其理论研究给出了对于舆情信息干预的认识和理解。邓青等（2016）认为舆情信息干预的主体（实施舆情信息干预的对象）是政府以及相关部门，舆情信息干预的客体（舆情信息干预决策作用的对象）是舆情信息，即舆情信息干预就是政府及其相关部门采取正确有效的方式以控制舆情信息的传播，尤其指控制和引导社交网络中舆情信息传播的手段和方法，其重点突出的是对于易造成舆情危机的舆情信息传播的干预。李天龙（2018）认为舆情信息干预是政府、网民和社会管理者之间的一种互动机制，其目的在于有效地解决舆情危机事件，缓解网民情绪。王红兵和王光辉（2015）在定义网络舆情信息干预的概念时更加注重从系统的角度阐述它的含义：政府在掌握社会网络舆情事件的基本属性和演化规律的基础上，监控网络舆情信息演化过程并对其演化趋势做出预测，以采取有效的干预措施和手段限制和阻止舆情信息的演化。显然，以上几种定义都将政府视为唯一的舆情信息干预主体，将舆情信息干预视为新时代网络强国战略下国家治理能力和社会治理体系的重要组成部分。但同样也有学者将舆情信息干预的主体做出了更加广泛的扩展，如毛乾任等（2017）将舆情信息干预定义为政府、企业或公众人物出于应对公共安全、调整经营决策以及维护公众形象等目的，对舆情的发展进行观察、干预以避免危机、解决问题的一种舆情服务方法。本书所研究的舆情信息干预主要围绕舆情信息干预从客体舆情信息出发，通过采取有效的方式以引导、干预和限制舆情信息的演化方向和发展态势。

从上述的定义中，我们不难发现，想要达到对舆情信息干预的良好效果，就需要做出充足的准备工作。2016 年 7 月 30 日，国务院办公厅发布的《国务院办公厅关于在政务公开工作中进一步做好政务舆情回应的通知》中提到了各级政府为做好政务舆情回应工作所应注意的若干事项，同时在面对政务舆情时要坚持对政务舆情的监测、研判和回应工作①。对于其他类型的舆情信息干预主体，我们

① 国务院办公厅．国务院办公厅关于在政务公开工作中进一步做好政务舆情回应的通知［EB/OL］．http：//www. gov. cn/zhengce/content/2016 －08/12/content_ 5099138. html，2016 －08 －12.

不妨借鉴政府在面对政务舆情工作时的工作步骤，即以舆情信息的监测、预警和研判作为舆情信息干预的输入，进而选出行之有效的舆情信息干预决策作为输出，以达到对舆情信息的管控目的。鉴于以上已给出舆情信息干预的概念，这里不再赘述，仅对舆情信息的监测、预警和研判做出说明。其中舆情信息监测、预警是指在利用网络舆情监测工具进行舆情信息监测的基础上，获取、汇总、分析网络舆情信息数据，运用一定的技术手段和预测方法对舆情信息未来的发展趋势和演化规律做出预测，进而根据预警机制，给出预警信号以掌握和引导舆情信息的演化态势，避免其造成舆情危机的过程。在舆情信息监测、预警阶段的工作主要包括：监测内容、监测的工具、预警的标准、预警的层级以及预警方式等；网络舆情的研判是连接舆情信息监测、预警和舆情信息干预的纽带，其前提是舆情信息监测、预警得到海量数据和初步理论分析，其目的是对舆情信息做出行之有效的干预，避免舆情危机的出现。舆情信息的研判工作主要是通过理论方法结合实际经验、系统研究的方式对数据来源进行真伪分析、归类分析等，为后续的舆情信息干预工作提供决策支持和帮助。舆情信息的监测、预警和舆情信息的研判是舆情信息干预前提准备工作的关键，为舆情干预阶段建立良好的防控决策基础（见图 2－1）。

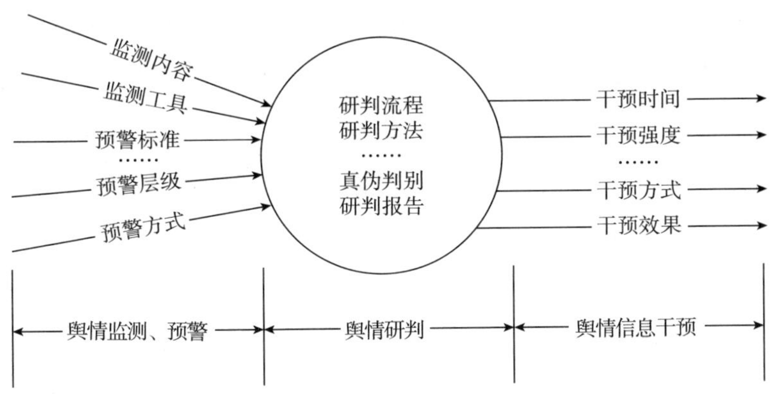

图 2－1　舆情信息的监测、预警，舆情研判和舆情信息干预

资料来源：笔者自绘。

本质上来说，舆情信息干预是属于应急管理中的一部分，那么当我们从管理学的角度来探讨如何实现舆情信息干预时，就要从管理的核心：管理目标说起。舆情信息干预主体要实现舆情信息的干预工作除了做好做足上述的前提准备工作外，明确舆情信息干预的目标是必不可少的，即围绕舆情信息干预目标开展系列干预活动。舆情信息干预的目标是指舆情信息干预主体对舆情信息进行及时的解释、说明和引导，以减少其造成的社会经济损失和公共安全等问题。从舆情信息的演化规律来看，可以将舆情信息干预的目标分成三个部分：一是降低舆情信息传播的峰值、降低社会群众对舆情信息的关注度，避免舆情信息大范围传播造成群体性事件；二是缩短舆情信息在峰值持续的时间，即采取有效的干预决策转移或降低公众对舆情信息的关注（王红兵、王光辉，2015）；三是延缓舆情信息到达峰值的时间，及时快速地对舆情信息进行引导、响应，防止舆情信息爆炸式生长，达到不可控制或难以控制的场面，为应急决策的方案制定争取更多时间。

为了有效地实现舆情信息干预的目标，引导和控制舆情信息的发展态势，舆情信息的干预主体在舆情信息干预过程中必须要遵循一定的原则。这些原则能确保最大限度地控制舆情信息演化，化被动为主动，确保精、准、快地管控舆情信息演化态势。

实现舆情信息干预还要遵循以下四个原则：

一是人本原则。舆情信息传播的主体是由个体和群体组成的社会群众，舆情信息的演化是由人来推动进行的，因此舆情信息的干预虽然是对舆情信息演化态势方面进行管控和引导，实则是在了解舆情信息背后所反映的群众意愿、观点和情绪的基础上，对人的一种行为引导（陈志霞等，2014）。因此人本原则应作为舆情信息干预的首要原则。随着我国现代化程度的发展进步，公众对于言论自由的追求不断加深，当今社会再也不是一人独大、一言堂的景象，人人拥有对特定的事件发表观点和看法的权力。早期一些地方政府或者企业，对于造成自身利益或社会危机的舆情信息，采取强制删帖、禁止访问的方式来应对，反而会引发公众大规模的讨论和猜疑，这显然是忽略了人这一动态活跃因素在舆情信息传播中的重要作用，因此坚持以人为本成为舆情信息干预首要考虑的原则。

二是主动原则。管控舆情信息的发展态势要求舆情信息的干预主体积极主动，即高度重视舆情信息干预工作，做好充足舆情监测、预警，舆情分析、研判，用最快的速度得到舆情数据加以核实，并上报相关部门。我国舆情信息的爆发源往往来自基层单位，但基层单位由于资金、设备、经验、能力的不足，在面对初现的舆情信息时，常常采取静观其变的消极态度，即先看一看舆情发展的态势，如果没有进一步的演化，则不了了之；如果舆情信息大规模爆发，再投入足够的关注度，但往往早已错失最佳时机。

三是适时原则。适时原则反映在舆情信息干预时机方面，即选择合适的时间节点对舆情信息进行干预和引导以取得舆情信息干预的最佳效果。舆情信息干预的时间节点选择是舆情信息干预的关键环节（李天龙，2018）。对于舆情信息的干预不能太早，防止加速舆情信息的演化，也不能过晚，以防舆情信息扩散的范围过大，难以管控。鉴于此，我国提出“黄金四小时”“黄金五小时”以及“24小时内”舆情信息干预的最佳应对时间。

四是适当原则。适当原则反映在舆情信息干预方式方面，即选择合适的方式或决策对舆情信息进行干预和引导以取得舆情信息干预的最佳效果。所谓合适的舆情信息干预方式应该是根据舆情事件的类型、传播途径、传播范围以及影响程度等因素综合分析所得到的一个结果，而不是简单地采取删帖等方式封锁信息。另外，在制定舆情信息干预措施时，一方面要做到理论上的科学预测分析。另一方面也要使得舆情信息的干预方式具有实际可操作性（包括技术、成本、可行性等方面的综合考虑），真正做到理论与实际相结合。

二、文献梳理与述评

随着我国互联网事业的蓬勃发展，舆情信息的传播更加简单快捷。但往往带来的一个问题是舆情信息的良莠不齐（比如不实的谣言信息），这就很有可能演化发展为社会舆情危机事件。因此，为保障我国良好的社会秩序、清朗的网络环境以及个人或群体的相关利益，对舆情信息的干预和引导必不可少，这也同样引起了学术界对舆情信息干预的相关研究。以下将从舆情信息干预的影响因素和干预模型两个方面进行具体阐述。

（一）舆情信息干预的影响因素

1. 干预时间

兰月新和邓新元（2011）将突发事件网络舆情的演化过程划分为四个时间段，并针对舆情信息在各个时间段所呈现出的不同特点分别分析了政府应该采取的干预决策。邓青等（2016）基于元胞自动机模型仿真了政府干预下的舆情信息演化，结果表明政府的干预强度越大，干预的效果越明显；在干预时间方面，在舆情的发展期效果最佳，而要选择爆发期和高潮期则干预起不到很大的效果。但是无论干预时间如何，平衡状态的舆情信息影响范围差别不大，不同的干预时间对干预实施开始到达到平衡状态所需要的时间的影响也不大。项权等（2018）在改进的 SEIR 传染病模型的基础上加入 LSTM 神经网络预测模块，利用系统动力学仿真的方法研究了干预时间对舆情信息演化及管控效果的影响。李春发等（2018）通过多 Agent 技术对虚假舆情信息演化规律进行模拟的基础上，发现政府对舆情事件干预时间过早或过晚、干预强度过强或过弱都难以达到较好的效果。

2. 干预态度（柔和、中立、强势）

赖诗攀（2013）通过对 2009 年到 2011 年的 97 个案例分析，表明政府在面对由舆情信息大规模传播所引发的舆情危机事件时，普遍难以做到以信息交流和公开的“柔性方法”进行处理。Xu 等（2016）建立了代理模型，定量分析压制性引导对于信息传播的影响，结果表明存在观点对立的群体时，采取压制性引导会导致更大范围的信息传播。兰月新等（2017）在 Gompertz 模型的基础上构建带有政府干预的网络舆情热度模型，并对比分析了考虑和不考虑政府干预下的舆情信息演化热度，结果表明：正确有效的政府干预能够很好地控制舆情危机的发展，对舆情信息干预采取过于“柔和”或者“强硬”的态度处理均难以达到较好的干预效果。朱晓霞等（2017）通过构建多 Agent 的复杂网络研究伪信息在线

下人际关系网中的演化规律及政府的干预决策，发现政府应将干预重心放在具有影响力的公众身上并且保持较为中立的态度处理舆情事件才能保证达到更好的干预效果。

另外，一些学者在获取舆情事件数据的基础上对舆情信息干预效果的影响因素进行相关研究。如刘锐（2015）在获取110起重大舆情事件数据基础上，实证研究得到影响政府干预效果的多种重要因素，包括舆情事件类型、舆情信息扩散的空间分布、是否涉及公众利益以及首次传播舆情信息媒介的类型等。刘泽照和张厚鼎（2013）则对人民网舆情频道中的83个案例进行了实证分析，结果表明舆情事件类型对政府干预的影响作用不显著，而舆情事件危害等级、行政层级、关注度、上级问责、信息透明度等对政府的干预效果具有显著影响。万克文（2015）在借鉴Logistic模型的基础上，通过对2007年到2014年的130起重大舆情事件实证分析得出：政府关注度、责任追究和惩罚力度大小以及干预舆情信息发布的准确性等因素均会对舆情事件的干预效果产生较大影响。陈志霞等（2014）在获取2007年到2012年的120个舆情事件数据基础上，采用内容分析法方式研究公众的社会心理与舆情信息演化间的关系，结果表明：社会群众的心理变化对政府有效干预舆情事件至关重要。余乐安等（2015）利用系统动力学的建模方式研究了危化品水污染突发事件的舆情信息传播规律以及不同因素对舆情信息演化干预效果的影响，结果表明，政府信息越透明、政府的应急响应能力越高，政府对于舆情事件的干预效果就会越好。季丹和谢耘耕（2014）在获取2003年到2013年中的3343个舆情事件数据的基础上，对区域差异和舆情信息关注度、舆情事件类型及舆情信息干预主体等进行方差分析和卡方分析，结果表明东、中、西部的经济发展差异确实对舆情信息演化和干预有显著影响。

（二）舆情信息的干预模型

兰月新（2012）通过构造SIR传染病模型研究了舆情信息演化规律，提出从降低网民对舆情信息的接触率和提高不传播舆情信息者的比例两个方面对舆情信息演化进行干预。武澎等（2013）从合理判定信息传播系统中的枢纽节点的角度，分析如何加速有价值信息的传播和监督防控舆情信息的传播扩散。Tian 等（2015）构建了 SSIC 模型研究超级网络四要素对舆情信息演化的干预效应，并提出提高环境信息透明度可以有效缩减舆情信息的影响范围。Yan 等（2016）建立了观点传播可能性受距离影响的不确定性舆情信息传播模型，并基于投票理论研究如何控制舆情信息传播的不确定性进程。王治莹和李勇建（2017）在建立 SEIR 传染病模型的基础上，以 2011 年日本核泄漏事件中的舆情信息传播为例，探讨了不同干预方式对舆情信息演化的干预效果。朱晓霞等（2017）通过构建线上网络和线下网络复合而成的多层网络结构，研究发现线上、线下不同人际关系网络中舆情信息演化的特性会对政府的干预决策选择造成影响。Pan 等（2018）基于谣言—真相混合传播模型探究如何利用真相抑制谣言的广泛扩散。周昕等（2018）收集了 2015 年到 2017 年中的 60 件舆情数据信息，并在此基础上利用贝叶斯网络模型对网络舆情危机的关键节点进行诊断，并据此对推动舆情事件发展的主要因素进行干预。宋清华和陈建宏（2018）从社会责任感的角度探寻了舆情信息的演化规律和干预措施，结果表明责任感缺失的社会群众比例对有效地控制和引导舆情事件的发展造成影响。Chen（2019）通过将传统谣言理论扩展到危机管理背景，提出 ILSCR 谣言传播模型以探究紧急情况下谣言传播的控制。Zhu 等（2019）基于最优控制理论探究媒体报道的最佳干预措施。Askarizadeh 等（2019）基于演化博弈模型分析反谣言信息及其传播强度对谣言演化态势的调控效果。张鹏等（2019）基于扎根理论和词典构建对网络舆情信息进行情感分析，并根据情感数据的挖掘掌握公众情绪变化，以此为根据进行相应的舆情干预与应对工作。Huo 等（2019）基于非线性谣言数学模型研究媒体报道对谣言传播的影响，提出最优控制决策以减少谣言传播者的数量。

以上有关舆情信息干预影响因素和干预模型的研究为我们现实中引导舆情信息演化态势提供了重要的参考价值，但是尚存在以下问题：①当前关于干预决策的文献大多仅考虑了一种舆情信息，而针对新媒体环境下带有竞争地位的两种主导性舆情信息演化的干预决策研究较少；②现有研究成果大都未考虑干预信息发布延迟的情况。然而在实际案例中，舆情信息往往率先出现在网络空间中并广泛

扩散，应急管理者为应对舆情危机而采取一定的干预措施，由此可见，干预信息与舆情信息间存在延迟时间，而有关考虑干预信息发布延迟的决策时机研究尚有欠缺。为此，本书将结合单一舆情信息演化干预策略的现有研究成果，探究考虑带有竞争地位的两种舆情信息演化规律的干预决策问题。在此基础上，研究干预信息发布延迟情景下政府及官方媒体的最佳决策时机。

第四节　基本理论与方法

由本章第一节新媒体环境下舆情信息特点分析可知，新媒体环境下往往有两种舆情信息相互竞争传播，两种舆情信息间的竞争地位划分及其动力学分析是明晰舆情信息演化规律的前提。为此，本书引入解决该问题的理论工具——系统动力学。带有不同竞争地位的两种舆情信息演化规律研究是应急管理者制定有效干预策略的基础。为此，本书引入两种舆情信息演化规律研究的基本方法——传染病模型。鉴于两种舆情信息传播过程的复杂性与动态性，本书引入两种舆情信息演化干预策略研究的基本方法——Logistic 增长模型和 Lotka - Volterra 竞争模型。为了方便后续章节研究工作的安排，本节对这些基本方法与理论工具进行了详细介绍。

一、系统动力学

1956 年，麻省理工学院的 Jay W. Forrester 教授首次提出系统动力学（System Dynamics，SD）的概念。系统动力学是一门用来分析复杂信息反馈系统的学科，同时也是一门用来描述系统和解决系统问题的交叉综合性学科，它是以定性分析为先导、定量分析为支撑，运用系统的思想将整个系统分成若干个子系统，然后确定系统之间的因果关系以及系统的影响因素，并借助因果关系图和流图建立系统动力学模型，最后运用计算机技术对系统模型进行详细分析。

系统动力学能够有效地解决社会、经济以及生态等复杂大系统问题，其核心思想是反馈控制，一般完成建模过程要遵循以下五个基本步骤：①借鉴系统动力学的方法和理论，确定对象系统的范围，并对该对象系统进行全面深入的分析；②明确系统内各个元素之间的因果关系，并阐明整个系统结构的反馈回路；③利用建模软件建立规范的模型，确立合理的变量间的表达关系；④对已构建的模型进行模拟，并根据模拟结果给予政策分析，再进一步修改模型；⑤检查并评估模型。其中，实际建模过程中，最主要的环节是绘制因果关系图和存量流量图，两者的具体含义如下：

1. 因果关系图

因果关系图能够用来表示系统要素之间的作用关系。其中，因果关系主要包括正向因果关系和负向因果关系，假设 X 表示原因，Y 表示结果，通过有向线段连接两者即可形成因果关系图。正向因果关系表示 X 的增加会引起 Y 的增加，负向因果关系表示 X 的增加会引起 Y 的减少，分别如图 2－2 中（a）、（b）所示。

图 2－2　因果关系图

资料来源：杨帆．基于系统动力学的网络舆情传播研究［D］．北京：北京交通大学，2015.

系统中多个因果关系图首尾连接即可构成反馈（因果）回路，且反馈回路分正反馈回路和负反馈回路，其中，若反馈回路中负向因果关系的个数为偶数，则该回路属于正反馈回路，负向因果关系的个数为奇数，则该回路属于负反馈回路。可见，反馈回路决定了系统的性质和行为，能够清晰直观地反映系统的主要因素以及因素之间的因果关系，如图 2－3 所示。

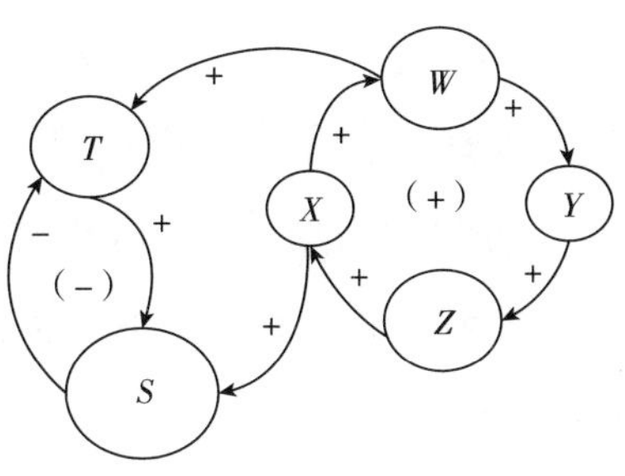

图2-3　反馈图

资料来源：杨帆．基于系统动力学的网络舆情传播研究［D］．北京：北京交通大学，2015.

2. 存量流量图

因果关系图只能够反映系统因素之间的关系，不能够反映各个要素的变化机制以及要素之间的数量关系，而存量流量图则可以明确表达系统要素的动态变化，主要的构成要素有状态变量、速率变量和辅助变量等。其中，状态变量反映了系统的累积效应；速率变量描述了系统累积效应变化的快慢；辅助变量是系统模型的中间变量，可以简化要素之间复杂的关系函数。存量流量图和因果关系图相结合能够清晰地描绘系统模型的结构，在利用计算机软件对模型进行仿真，最后通过仿真结果分析得出解决实际问题的方法。

系统动力学理论被提出以后，其应用范围十分广泛，覆盖项目管理、决策制定、物流供应链以及环境科学等多个领域。其中，舆情传播系统是一个复杂、动态、非线性的系统，通过判断舆情信息传播的影响因素，并分析它们之间的逻辑关系，我们才能够准确地把握舆情信息演化的特点。因此，舆情信息传播系统在一定程度上与系统动力学所研究的系统对象类似。近年来，很多国内学者借鉴系统动力学的思想来研究舆情信息传播的动力学机制。例如，向江燕（2015）从事件、媒体、政府和网民四个方面构建了网络舆情信息演化模型，并通过系统仿真发现事件的严重程度、媒体的引导程度、政府公信力和政府的响应事件对网络舆情信息演化的过程有显著影响。狄国强等（2012）通过分析网络舆情事件的热度，并建立网络舆情危机预警的系统动力学模型，最后分析模型仿真的结果得到网络舆情危机的形成机制。余乐安等（2015）以危化品水污染突发事件为研究案例，建立了相关的系统动力学模型，分析出该事件中网络舆情信息的演化规律，最后依据仿真结果提出合理的危机应对措施。Zanette 和 Damián（2002）基于动力学理论建立了舆情信息演化机制的系统模型，并计算分析发现小世界网络舆情信息的传播最多影响 80% 的人群。

综上不难发现，舆情信息演化系统是一个复杂的动态系统。运用系统动力学理论研究舆情信息演化过程，需要首先考虑其生存的环境，并分析突发事件背景下舆情信息演化的影响因素，其次运用定性与定量相结合的方法描述不同因素影响下舆情信息的演化规律，最后根据模型仿真的结果提出合理的建议。此外，虽然系统动力学在舆情信息演化等方面的应用已经取得了很大的进展，但在新媒体环境下具有两种不同竞争地位的舆情信息演化的研究成果还较为罕见。如上文所述，突发事件发生以后，新媒体环境下往往引发多样的舆情信息，且不同信息之间的竞争地位也会有差异。本书以系统动力学理论为基础，研究新媒体环境下带有不同竞争地位的两种舆情信息的动力学，并探索两种舆情信息的相互作用机制，以期为后续两种舆情信息演化规律的研究奠定基础。

二、SIR 传染病模型

为了探究黑死病和瘟疫等疾病的传播规律，Kermack 和 McKendric（1927）提出传染病模型，假设患者治愈后具备一定的免疫能力，并借鉴系统动力学的方法构建了 SIR 仓储模型。随着 SIR 传染病模型的发展，很多学者对该模型提出了改进和创新，包括：SI 模型，即个体患病后难以痊愈；SIS 模型，即患者可以痊愈，但恢复以后不具备免疫能力；SIRS 模型，即患者康复后，部分恢复者不具备免疫能力等。其中，SIR 模型将总人口分成三类：易感者（Susceptible）：指未感染疾病的个体，且不具备免疫能力；感染者（Infective）：指患上疾病的个体，且能够把疾病传染给与他们接触的其他个体；移出者（Removal）：指患病后因痊愈而获得免疫能力的个体。其中，SIR 模型中的三类人群分别对应三种不同的状

态，即易感状态 S，感染状态 I 以及免疫状态 R，且不同状态的个体分别处于网络的各个节点，节点之间的关系为：S 状态的个体能够以一定的概率转化成 I 状态的个体，I 状态的个体能够以一定的概率进入免疫状态 R，该模型基于如下前提：

（1）传染病在相对封闭的环境中传播，不考虑人口流动以及外来迁入人群的影响，且传染病对人口总量的影响远大于人口出生死亡所带来的影响；

（2）传染病具有感染性，在某一时刻的单位时间内，一个患者能够传染的人数与封闭环境中易感者的数量成正比；

（3）单位时间内，因治愈后免疫从感染者转变成免疫者的人数，与感染者的人数成正比。

据此构建 SIR 微分动力学方程，假设：①SIR 模型中的总人数为 N，且$S(t)$、$I(t)$、$R(t)$分别表示三类人群在 t 时刻的人口数量比例；②$\overline{k}$ 为每个个体之间的接触率，且易感染个体接触感染个体患病的概率为 λ，那么单位时间内，易感染者的人数为 $\lambda NS(t)I(t)\overline{k}$；③$\mu$ 为患者治愈率，那么单位时间内感染者转化为免疫者的人数为 $\mu I(t)N$；④初始时刻健康者和患者的比例分别为 S_0 和 I_0，免疫者的比例为 0。基于以上分析，SIR 模型传播过程如图 2－4 所示。

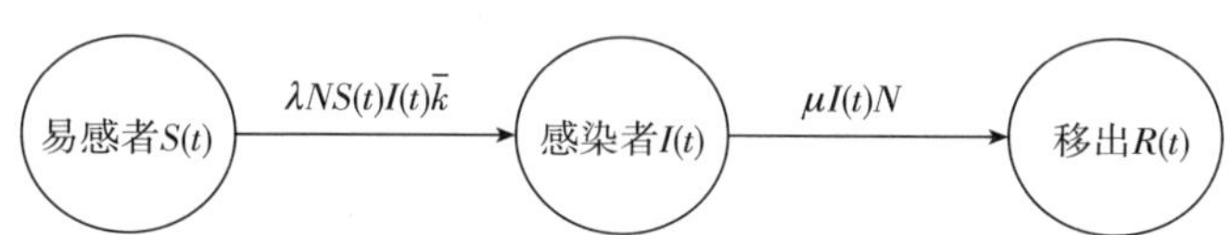

图 2－4　SIR 模型

资料来源：胡元萍．基于 SEIR 模型的社交网络信息传播稳定性研究［D］．西安：西安电子科技大学，2015.

结合 SIR 模型的传播原理，构建如下方程组：

$$\begin{cases} N[S(t+\Delta t)-S(t)]=-\lambda NS(t)I(t)\overline{k}\Delta t \\ N[I(t+\Delta t)-I(t)]=\lambda NS(t)I(t)\overline{k}\Delta t-\mu NI(t)\Delta t \\ N[R(t+\Delta t)-R(t)]=\mu NI(t)\Delta t \end{cases} \tag{2-1}$$

并进一步化简可得 SIR 模型的动力学微分方程组：

$$\begin{cases}\dfrac{dS(t)}{dt}=-\lambda S(t)I(t)\bar{k}\\\dfrac{dI(t)}{dt}=\lambda S(t)I(t)\bar{k}-\mu I(t)\\\dfrac{dR(t)}{dt}=\mu I(t)\end{cases}\tag{2-2}$$

综上可知，SIR 是基于微分方程组的数学模型，该模型运用数学和系统动力学的方法能够有效实现系统的分析，因此具有很强的数学严密性。早期，学者们将大量的数学分析方法引入该模型中以分析各种传染病问题，作为人类社会产生的模型，其能够在社会发展的诸多领域得到广泛应用，尤是在舆情信息演化研究方面的应用，一直是数学和计算机等领域关注的重点。由于舆情信息演化过程是传播者通过与相邻个体间的互动，并按照某种传播规则以概率的形式将舆情信息传播给更多的未知个体，从而实现舆情信息广泛传播的一个动态过程，而这种舆情信息传播的形式与传染病模型具有相似的传播机制，因此越来越多的学者借助传染病模型研究舆情信息的演化规律。

Sudbury（1985）最早借鉴 SIR 传染病模型研究谣言传播过程，随后 Leskovec 等（2007）运用 SIS 模型研究网络舆情信息的演化，至此 SIR 模型及其多种拓展的形式逐渐被用于研究舆情信息的演化规律。Huo 等（2017）根据节点的活跃度将传播者分为具有高活跃率的传播者与具有低活跃率的传播者，并引入 I2SR 模型探究了谣言的传播动态。Zan（2018）构建了 DSIR 模型，研究了内容不相关且出现时间存在差异的两种谣言的传播过程。Liu 等（2016）提出了 SHIR 模型来研究具有双重竞争性的舆情信息的扩散动态，并发现两种舆情信息之间的状态转移概率对其竞争演化结果具有重要影响。Trpevski 等（2010）基于 SIS 模型研究了具有不同接受概率的两种谣言的传播动态，并提出节点总是优先传播更有吸引力的谣言。Zhao 等（2013）运用平均场等式（Mean - field Equations）来探究 SIHR 传播模型在异质性网络的动力学机制，并对稳定状态进行了详细分析，发现并不存在舆情信息传播阈值。国内基于 SIR 模型的舆情信息演化过程的研究也

取得了重大发展，王筱莉等（2015）考虑了随时间变化的遗忘率和传播者转化途径的差异性，并建立无标度网络谣言模型，通过仿真发现遗忘率的变化能够显著影响谣言传播的规模。彭小兵和邹晓韵（2017）以宁波镇海 PX 为研究对象，建立了邻避信息网络传播的双阶段传染病模型，进而得到邻避信息的传播机制。

综上不难发现，基于数学微分方程的 SIR 模型，不仅能从全局的角度反映出舆情信息演化的宏观趋势，也能从微观的角度刻画出舆情信息随时间的动态变化过程，从而揭示舆情信息在整个系统的演化规律，因此 SIR 模型在研究舆情信息等方面的优越性逐渐引起国内外学者的重点关注，但是目前有关带有不同竞争地位的两种舆情信息演化规律方面的研究还较为罕见。如上文所述，突发事件发生以后，往往能产生多种舆情信息，且新媒体环境下多种舆情信息间的关系也不尽相同，如竞争和合作关系等。因此，本书借助 SIR 模型研究新媒体环境下两种舆情信息的演化规律，并通过舆情信息传播案例，试图发现两种舆情信息演化过程呈现的新特征和变化，以期为后续多种舆情信息演化规律的研究奠定基础。

三、Logistic 增长模型

英国统计学家 Malthuszai 在整理人口出生统计资料时，发现人口种群的相对增长速率是固定不变的常数，并于 1798 年首次提出 Malthuszai 种群增长模型。模型中：①t 时刻种群的数量为 $N(t)$；②种群相对增长速率为 r；③当 $t=t_0$ 时，种群数量为 N_0，由此，构建模型的数学方程如下：

$$\begin{cases}\dfrac{dN(t)}{dt}=rN(t)\\ N(t)\big|_{t=t_0}=N_0\end{cases} \tag{2-3}$$

实际上，该种群增长模型基于一定的前提条件，即种群数量能够随着时间的推移而无限增长。然而现实中，由于种群生存所需的资源和空间有限，因此种群数量的增长也不可能是无限的。实践证明，当种群数量不大时，种群数量的增长满足线性模型即 Malthuszai 增长模型。当种群数量过大时，自然环境内的资源等因素对种群数量的限制作用越来越显著，且随着种群数量的增加，种群的相对增

长速率 r 会逐渐减小，此时 Malthuszai 模型并不能够准确地描述种群数量的增长规律，据此应该建立更为合理的种群增长模型。1838 年，数学家 Verhulst 在 Malthuszai 模型的基础上，将有限的环境资源等因素考虑在模型内，并首次提出 Logistic 增长模型，且直至 1920 年，该模型逐渐受到学者们的关注。

生态环境中如果考虑某一单一种群，主要假设条件为：①生态系统内，不考虑种群的迁出和迁入，且个体在环境内分布均匀；②环境内资源对每一个体的分配是均匀的，且保持常数；③种群内个体的增长率相同，且年龄分布保持稳定；④种群密度能够显著影响种群的增殖；⑤自然环境提供给种群的生存和繁殖的资源是有限的。基于以上假设条件，建立 Logistic 增长模型的数学方程如下：

$$\begin{cases} \dfrac{dN}{dt} = rN\left(1 - \dfrac{N}{K}\right) \\ N(t)\mid_{t=t_0} = N_0 \end{cases} \tag{2-4}$$

其中，$N(t)$ 表示在 t 时刻种群的数量；r 表示种群的相对增长速率；N_0 表示 t_0 时刻种群的数量。与 Malthuszai 模型不同的是，该模型假定环境容纳量 K 为生态环境能够容纳某一种群个体的最大数量，且当种群数量 N 等于 0 时，$1-N/K$ 也趋向于 0，此时生存空间尚未被利用，种群按照 Malthuszai 模型增长。随着 N 逐渐由 0 增加到 K 时，种群生存的剩余空间逐渐减小，种群增长受限制，此时种群潜在的最大增长不能实现。可见，Logistic 增长模型考虑到了自然资源的有限性对种群增长的阻碍作用，在描述种群行为时相较于 Malthuszai 模型更接近于现实。

长期以来，很多学者试图改进 Logistic 增长模型，并提出更为复杂的种群增长方程（崔启武、Lawson，1982）。目前关于该模型的研究主要集中在生物学、临床医学以及理论经济学等多个领域。早年，我国学者沈佐锐（1985）运用 Logistic 修正方程研究菜蚜种群密度随时间推移的动态变化，以期为害虫综合防治提供决策支持。郑元润等（1997）运用 Logistic 增长模型预测某一具体地区云杉种群的动态增长过程，揭示了云杉在不同龄级的动态生长规律。随着研究的深入，Logistic 增长模型逐渐被应用到经济研究的领域，付娟等（2010）将遗传算

法和 Logistic 模型相结合，解决了我国人口对清洁能源需求的预测问题。杨波等（2017）考虑国民生产总值（GDP）增长率对国民能源消费的影响，建立国家能源年度消费总量的 Logistic 修正模型，并结合历史数据进行实证分析，从而得出国民能源年度消费总量的发展趋势。此外，Logistic 模型在数学研究领域也取得了较大的发展，大多数学者基于 Logistic 模型，构建出新的种群增长模型，并用相关定理证明模型解的存在性以及稳定性。其中，国内学者徐为坚（2008）将 Logistic 模型和 SIS 传染病模型相结合，并有效地证明了模型平衡点的存在性以及全局渐进稳定点。

综上发现，Logistic 增长模型已经在各个领域取得了重大的发展，但是在舆情信息传播领域的研究成果还较为罕见，尤其是突发事件背景下舆情信息演化规律的研究。如上文所述，突发事件发生以后，新媒体环境下广泛扩散的舆情信息往往会导致次生事件的发生，且舆情信息的演化过程实际上也是动态变化的过程，运用 Logistic 增长模型探究新媒体环境下的舆情信息演化规律，能够为政府实施行之有效的干预措施提供决策支持，具有一定的现实意义。

四、Lotka – Volterra 竞争模型

20 世纪 20 年代，美国生物学家、数学家 A. Lotka（1926）和意大利数学家 Volterra（1927）基于食物链上种群之间相互捕食的关系，首次提出 Lotka – Volterra 竞争模型，该模型奠定了种群间竞争关系的理论基础，并被广泛应用于生态学、系统科学以及信息学等领域。由于环境系统中，两个种群处于同一生态系统中且该系统的资源有限，因此，其生态关系相较于单一种群的生态关系更为复杂。实际上，两个种群的增长速率不仅与同类物种的出生和死亡率有关，种群间的相互作用关系也能够影响该种群的增长速率。可见，单一种群的生态数学模型，即 Logistic 模型无法准确描述两个种群的增长规律，应该运用更为合理的系统模型，即 Lotka – Volterra 竞争模型［式（2 – 5）］对两个种群的增长规律加以研究。

$$\begin{cases}\dfrac{dN_1}{dt}=r_1N_1\left(1-\dfrac{N_1}{K_1}\right)\\\dfrac{dN_2}{dt}=r_2N_2\left(1-\dfrac{N_2}{K_2}\right)\\N_1(t)\mid_{t=t_0}=N_1(0),\ N_2(t)\mid_{t=t_0}=N_2(0)\end{cases}\tag{2-5}$$

Lotka－Volterra 竞争模型实际上是 Logistic 模型的一种拓展，该模型在 Logistic 模型上增加了一个竞争系数，并假设：①t 时刻，种群 1 和种群 2 的总数量分别为 $N_1(t)$ 和 $N_2(t)$；②种群 1 和种群 2 的最大环境容量分别为 K_1 和 K_2；③种群 1 和种群 2 各自种群增长率分别为 r_1 和 r_2。在不考虑种群间的竞争关系的情况下，两个种群的生长规律分别符合 Logistic 模型。

由于两个种群在同一个生态系统，两者之间的增长趋势会相互牵制，因此考虑种群 1 和种群 2 的竞争系数分别为 α_1 和 α_2。其中 α_1 表示种群 2 对种群 1 的抑制情况，同样 α_2 表示种群 1 对种群 2 的抑制情况，则微分动力式（2－5）转化为如下所示：

$$\begin{cases}\dfrac{dN_1}{dt}=r_1N_1\left(1-\dfrac{N_1+\alpha_1N_2}{K_1}\right)\\\dfrac{dN_2}{dt}=r_2N_2\left(1-\dfrac{N_2+\alpha_2N_1}{K_2}\right)\\N_1(t)\mid_{t=t_0}=N_1(0),\ N_2(t)\mid_{t=t_0}=N_2(0)\end{cases}\tag{2-6}$$

以上动力学模型能够反映生态系统中种群间动态的竞争关系，且被广泛应用于社会内各种竞争系统的建模分析中。目前，基于 SIR 传染病模型的舆情信息传播规律研究已经发展成熟，而随着 Lotka－Volterra 竞争模型的提出，很多学者发现该模型也能够较好地适用于多种社会信息传播等方面的研究。例如，Zhang 等（2014）基于 Lotka－Volterra 竞争模型和合作机制，研究了不同社会网络结构中多种信息间的竞争和传播问题。姜景等（2015）通过建立谣言信息与辟谣信息的竞争模型，有效分析了两种信息的相互作用机理，并通过仿真发现竞争系数以及增长率对两种信息的竞争结果起着重要作用。张亮和任立肖（2015）基于 Lotka－

Volterra 模型建立了微博舆论的竞争传播模型，有效地研究了多种微博舆论同时竞争和协同传播的情形。钟琪等（2012）提出了社会危机信息的扩散机理，并借助 Lotka – Volterra 模型分别建立了社会型危机信息和自然型危机信息的扩散模型，通过模型仿真发现替代系数和扩散率是危机信息达到平衡状态的关键因素。

综上不难发现，Lotka – Volterra 竞争模型作为研究复杂系统中多个主体相互作用规律的有效工具，虽然近年来逐渐被应用于舆情信息演化等方面的研究领域，但关于新媒体环境下考虑带有竞争地位的两种舆情信息演化规律的干预策略的研究成果还较为罕见。如前文所述，频繁爆发的突发事件，往往引发大量舆情信息的扩散，而具有不同竞争地位的多种舆情信息的广泛传播往往是催生次生危机事件的主要因素。因此，运用 Lotka – Volterra 竞争模型研究考虑带有竞争地位的两种舆情信息演化规律的干预决策，根据模型结果推导出启示性结论，并借助模型仿真以及案例分析加以验证，从而为政府对舆情信息传播的宏观控制提供有效的决策支持。

第三章　新媒体环境下两种舆情信息的竞争地位及其动力学分析

第二章归纳和评述了新媒体环境下舆情信息的特点及其相关研究文献、舆情信息演化规律的相关研究文献、舆情信息干预决策的相关概念及其相关研究文献，并提出进一步研究所需要的相关基本理论与方法（系统动力学、SIR 传染病模型、Logistic 增长模型、Lotka - Volterra 竞争模型）。本章将基于多案例研究重点关注新媒体环境下两种舆情信息的竞争地位及其动力学。首先，基于新媒体环境下的舆情传播案例，提取了两种竞争性舆情信息并进一步总结了两种舆情信息的竞争地位，即平等竞争和不平等竞争（第一节）。其次，从系统动力学的角度出发，考虑舆论场的反馈作用，分别建立了两种舆情信息平等竞争的系统动力学模型（第二节）和不平等竞争的系统动力学模型（第三节），并分别对其演化结果进行了分析。最后，总结本章的研究成果（第四节）。

第一节　两种舆情信息的竞争地位划分

新媒体时代，突发事件发生后舆情信息的演化环境更加复杂难辨。一方面，传播媒介的多样化为舆情信息的广泛扩散提供了便利，且新媒体环境中网络即时通信的特点进一步加快了舆情信息的演化速度。另一方面，新媒体环境下人人都有话语权，人们可以借助微博、微信等自媒体媒介随时随地发表自己的看法，即新媒体环境促进了舆情信息的多样化，因而在新媒体环境中往往有多种舆情信息共同传播。新媒体环境下舆情信息的多样化及迅速广泛扩散的特点使得舆情信息演化态势更加难以调控。本节首先归纳了舆情信息演化的相关案例并提取了两种舆情信息，进而分析了两种舆情信息的演化结果。进一步，基于多案例研究，界定了两种舆情信息的竞争地位，包括平等竞争和不平等竞争，为两种舆情信息的动力学分析奠定了基础。

一、多案例研究

新媒体环境下往往存在两种舆情信息共同传播，即两种舆情信息共同竞争网络空间而广泛扩散。然而，根据舆情信息内容的差异性，两种舆情信息往往具有不同的吸引力而存在不同的竞争地位。基于此，本节将运用多案例研究方法探究两种舆情信息间的竞争地位。表 3 – 1 归纳了近年来发生的涉及两种舆情信息的舆情演化案例。在每个案例中，具体概括了突发事件发生后整体舆情演化过程中涉及的两种舆情信息，并对两种舆情信息的演化结果进行分析。

表 3 – 1　两种舆情信息演化案例

时间	事件	舆情信息 1	舆情信息 2	舆情演化结果
2001 年 9 月	美国 9 · 11 恐怖袭击事件	“文明冲突”是事件根源	恐怖袭击是一场政治阴谋	事件原因一时间难以确定，舆情信息 1 与舆情信息 2 都得以广泛流传
2003 年 1 月	SARS 事件	熏白醋、喝板蓝根能够预防疾病	广州市政府称“所有病人的病情均在控制当中”	政府发布舆情信息 2 缓解公众恐慌，但舆情信息 1 的广泛扩散引发抢购事件
2008 年 5 月	汶川地震事件	北京等地会发生余震	北京等地区近期不会发生破坏性地震	舆情信息 1 的扩散引起大范围恐慌，同时为澄清舆情信息 1，舆情信息 2 广泛扩散

续表

时间	事件	舆情信息 1	舆情信息 2	舆情演化结果
2009 年 3 月	甲型 H1N1 流感	广州发现第一例甲型流感，应该进行隔离	患者病情并不严重，可得到很好的控制	舆情信息 1 通过相关渠道广泛传播，同时相关部门发布大量舆情信息 2 加以澄清
2010 年 1 月	丰田公司“北美召回”事件	丰田公司新普锐斯刹车失灵	丰田公司有意隐瞒事故数据	舆情信息 1 和舆情信息 2 都得以广泛扩散，丰田公司受到公众的质疑和批判
2011 年 3 月	日本核泄漏事件	碘盐能够预防和治疗核辐射	碘盐库存充裕	舆情信息 1 广泛流传，相关部门发布舆情信息 2 澄清，最终舆情信息 2 广泛扩散
2011 年 5 月	欧洲“毒黄瓜”事件	受病菌污染的西班牙黄瓜是罪魁祸首	芽苗菜是造成疫情的源头	舆情信息 1 的广泛流传引发公众恐慌，相关部门发布舆情信息 2 予以澄清
2014 年 3 月	MH370 失踪事件	MH370 很可能被劫机	MH370 很可能遭遇恐怖主义爆炸袭击	事件原因主要包括两种：舆情信息 1 和舆情信息 2，两者在民间广为流传
2015 年 8 月	美国得州化工厂爆炸事故	使用飞机喷洒磷阻燃剂进行灭火	飞机并未参与救火	广泛扩散的舆情信息 1 引发国内外群众热议，相关部门发布舆情信息 2 予以澄清
2017 年 5 月	WannaCry 勒索病毒事件	勒索病毒作者良心发现并公布了解毒密钥	通过两次加密可以解密被加密文件	舆情信息 1 和舆情信息 2 的真伪一时间难以确定，因而两种舆情信息都广泛扩散
2018 年 7 月	泰国普吉岛沉船事故	中国旅行社负责人不顾风暴预警执意出海	旅行社并未获得风暴预警，泰国预警系统太滞后	事故幸存者证实了舆情信息 2 的真实性，因而公众普遍更关注舆情信息 2
2018 年 11 月	美国加州山火事件	火灾由干燥环境、大风及输电线损坏共同导致	火灾根源是森林严重管理不善	舆情信息 2 的不合理性引发公众的愤怒，舆情信息 1 得到公众的普遍支持
2019 年 4 月	斯里兰卡恐怖袭击	事前收到恐袭警告，但未重视	极端分子的报复行为	舆情信息 1 流传，政府发布舆情信息 2 公布事件原因，最终舆情信息 2 获得支持

资料来源：笔者整理。

由表 3－1 的分析结果可知，两种舆情信息竞争时会呈现出不同的演化结果，即两种舆情信息均广为流传和其中某一舆情信息占据主导地位。为了更加清晰而准确地界定两种舆情信息的竞争地位，在此从表 3－1 中选取了四个近年来以两种舆情信息扩散为主的舆情传播案例，即 2010 年丰田公司“北美召回”事件、2011 年欧洲“毒黄瓜”事件、2014 年马航 MH370 失联事件及 2018 年泰国普吉岛沉船事故，并对其中两种舆情信息演化过程进行具体分析。

案例一：2010 年丰田公司“北美召回”事件。

案例简介：2010 年丰田北美公司宣称召回大量存在故障的汽车，此事引起全球人民的广泛关注。在事件始发时刻，众多车主反映“丰田公司新普锐斯存在刹车失灵问题”，丰田公司负责人却表示并未收到事故报告，然而知情人士指控“丰田公司有意隐瞒事故数据”，两种舆情信息均得以在网络上迅速扩散，一时间丰田公司深陷信任危机。

案例二：2011 年欧洲“毒黄瓜”事件。

案例简介：2011 年 5 月中旬开始，由肠出血性大肠杆菌导致的传染病疫情开始在德国出现且持续性蔓延，随着时间的推移，瑞典、丹麦、英国等多个国家也出现感染病例，一时间欧洲陷入恐慌。在事件始发阶段，“西班牙黄瓜”被公众认为是此次疫情的罪魁祸首，各国纷纷开始抵制西班牙黄瓜使得西班牙农业遭受重大损失。然而专业人士的调查结果显示“芽苗菜是此次疫情的根源”，鉴于官方鉴定结果的可靠性，其在舆情信息演化过程中占据主导地位。

案例三：2014 年马航 MH370 失联事件。

案例简介：2014 年 3 月马航失联事件发生后，关于飞机失联原因的讨论引发了两种主流舆情信息的流传，即“MH370 很可能被劫机”和“MH370 很可能遭遇恐怖主义爆炸袭击”。有关两种舆情信息的文章层出不穷，并活跃于微博、微信之中，由于官方一直未公布调查结果，两种舆情信息得以持续扩散。

案例四：2018 年泰国普吉岛沉船事故。

案例简介：2018 年 7 月 5 日泰国普吉岛发生沉船事故，该事故导致数十名中国游客伤亡，对泰国的旅游产业造成巨大冲击，甚至引发全球人民对泰国安全保障问题的质疑。而泰国官方的推卸责任行为也引起中国公民的不满和质疑。然而，相关部门的调查结果显示“游船在上午出海前并未收到气象预警，并且预警通知是当天下午发出的，泰国预警系统太滞后”。随后事故幸存者也证实了这一调查结果，其在舆情信息演化过程中逐步占据主导地位，并得到公众的广泛支持。

二、两种舆情信息的竞争地位界定

通过以上多案例研究，可以发现在案例一和案例三中，两种舆情信息对个体具有相同吸引力。由于个体认知的变化，个体可能会转而传播不同的舆情信息，因而两种舆情信息的传播群体之间存在相互转化关系，其演化结果是：两种舆情信息均得以广泛扩散。在案例二和案例四中，两种舆情信息对个体具有不同的吸引力，且吸引力较强的舆情信息能够引发民众普遍关注，其演化结果是：某一舆情信息最终占据主导地位。基于此，本书提出平等竞争和不平等竞争的概念。平等竞争，即两种舆情信息对个体具有相同的吸引力，个体会根据自身认知传播舆情信息，且随着个体认知的变化，其可能会转而传播另一种舆情信息；不平等竞争，即两种舆情信息对个体的吸引力不同，且随着事件演进过程的推移，个体更倾向于传播吸引力较强的舆情信息。

在本章第二节和第三节中，本书将进一步探讨新媒体环境下带有平等竞争地位与不平等竞争地位的两种舆情信息演化的系统动力学机制。

第二节　带有平等竞争地位的两种舆情信息演化的动力学

本章第一节通过多案例研究可知，两种舆情信息演化过程中存在平等竞争的

现象，并且新媒体环境下舆论场的反馈作用使得舆情信息的演化过程更加复杂难辨。为此，本节运用第二章第四节介绍的系统动力学方法研究带有平等竞争地位的两种舆情信息演化的动力学，为探究新媒体环境下带有平等竞争地位的两种舆情信息演化规律奠定基础。本节首先介绍了带有平等竞争地位的两种舆情信息动力学模型的研究假设及相关符号说明，进一步绘制了因果回路图与流量存量图，并给出其动力学模型，进而根据动力学模型进行情景仿真分析与案例验证，验证了动力学模型的有效性。

一、研究假设与相关符号说明

为了构建带有平等竞争地位的两种舆情信息演化的动力学模型，在此给出相关假设如下：

假设 1：突发事件发生后，广为扩散的舆情信息可以聚类为具有竞争关系的两种舆情信息，即舆情信息 1 和舆情信息 2。舆情信息 1 指主流媒体、大型官方网站等正式渠道发布的舆情信息，而舆情信息 2 指微博匿名用户、微信公众号、论坛、贴吧等非正式渠道发布的舆情信息。

假设 2：在两种舆情信息共同传播时，群体可以划分为未知者、传播者 1、传播者 2、免疫者 1、免疫者 2。未知者即未接触过两种舆情信息的群体；传播者 1 即传播舆情信息 1 的群体；传播者 2 即传播舆情信息 2 的群体；免疫者 1 即接触过舆情信息 1 但失去兴趣传播的群体；免疫者 2 即接触过舆情信息 2 但失去兴趣传播的群体。

假设 3：两种舆情信息具有平等竞争关系，其主要表现为群体在面对两种舆情信息时能够相互转化；同时引入舆情信息舆论场的作用，两种舆论场的影响力体现在其对舆情信息不同传播群体状态转移的影响。例如舆情信息 1 舆论场（舆情信息 2 舆论场）促进其他群体向传播者 1（传播者 2）转移，而抑制其他群体向传播者 2（传播者 1）转移。

假设 4：舆情信息的传播渠道畅通，政府对不同渠道下舆情信息的传播不采取干预作用，不同群体的行为状态转移关系取决于个体自身的选择或认知变化。

总结以上，给出群体行为状态转移及舆情信息舆论场反馈作用框架，如图3－1所示。在该框架中，未知者获取舆情信息后，根据自身的认知或者利益驱动会选择传播舆情信息1或者舆情信息2。随着时间的推移，舆情信息传播者1和传播者2失去兴趣传播，进而分别转变为免疫者1和免疫者2。同时受两种舆情信息舆论场的影响，因而传播者1和传播者2会以一定概率互相转化，免疫者1和免疫者2则分别以一定概率转化为传播者2和传播者1。

根据以上模型框架，给出初始转移概率和修正转移概率的定义：初始转移概率，即不受舆情信息舆论场反馈作用的概率；修正转移概率，即受舆情信息舆论场反馈作用的概率。进一步给定了转移概率的相关符号说明：p_1 和 s_1 为未知者向传播者1的初始和修正转移概率；p_2 和 s_2 为未知者向传播者2的初始和修正转

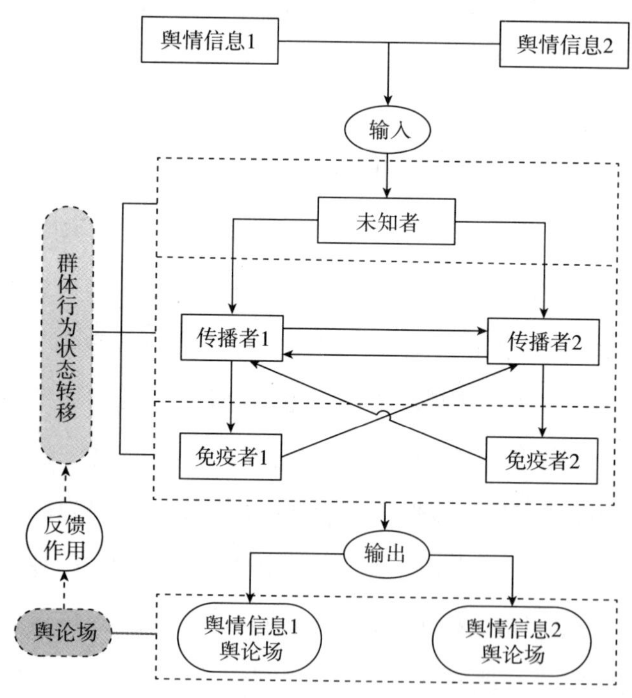

图3－1 群体行为状态转移及舆情信息舆论场反馈作用框架

资料来源：笔者自绘。

移概率；p_3 和 s_3 为传播者 2 向传播者 1 的初始和修正转移概率；p_4 和 s_4 为传播者 1 向传播者 2 的初始和修正转移概率；p_5 为传播者 1 向免疫者 1 的初始转移概率；p_6 为传播者 2 向免疫者 2 的初始转移概率；p_7 和 s_7 为免疫者 2 向传播者 1 的初始转移概率和修正转移概率；p_8 和 s_8 为免疫者 1 向传播者 2 的初始转移概率和修正转移概率。此外，给出转移速率的定义，即单位时间内群体间的转移人数，并进一步给出转移速率的相关符号说明：v_1 为未知者向传播者 1 的转移速率；v_2 为未知者向传播者 2 的转移速率；v_3 为传播者 2 向传播者 1 的转移速率；v_4 为传播者 1 向传播者 2 的转移速率；v_5 为传播者 1 向免疫者 1 的转移速率；v_6 为传播者 2 向免疫者 2 的转移速率；v_7 为免疫者 2 向传播者 1 的转移速率；v_8 为免疫者 1 向传播者 2 的转移速率。

二、因果回路图

从舆情信息 1 和舆情信息 2 的舆论场的反馈作用出发，借助系统动力学理论，分别得到舆情信息 1 和舆情信息 2 的舆论场反馈回路，具体如下：

1. 舆情信息 1 舆论场的因果回路图

如图 3 - 2 所示，舆情信息 1 可信度→舆情信息 1 舆论场→转化概率 s_1、s_3、s_7 提高→舆情信息 1 传播者→舆情信息 1 传播量→舆情信息 1 舆论场。在该回路中，舆情信息 1 舆论场主要由舆情信息 1 可信度和舆情信息 1 传播总量决定。同时由于两种舆情信息具有竞争作用，因此舆情信息 1 舆论场对转化概率 s_1、s_3、s_7 具有促进作用，而对转化概率 s_4、s_8 具有抑制作用，即促进其他群体向传播者 1 转移，而抑制其他群体向传播者 2 转移。同时在个体平均传播量一定的情况下，随着传播者 1 群体的增加，必然导致舆情信息 1 的传播总量增加。舆情信息 1 传播总量的增加又将提升舆情信息 1 舆论场的影响力，因此最终将形成因果回路。

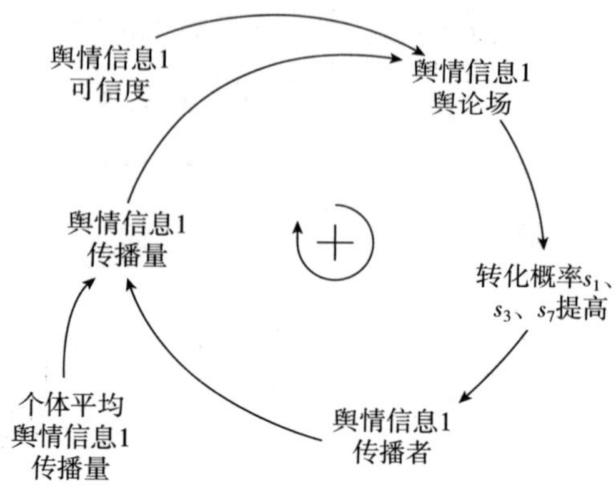

图 3－2　舆情信息 1 舆论场的因果回路

资料来源：笔者自绘。

2. 舆情信息 2 舆论场的因果回路图

如图 3－3 所示，舆情信息 2 可信度→舆情信息 2 舆论场→转化概率 s_2、s_4、s_8 提高→舆情信息 2 传播者→舆情信息 2 传播量→舆情信息 2 舆论场。其中，在舆情信息 2 舆论场的因果回路图中，舆情信息 2 舆论场对 s_2、s_4、s_8 具有促进作用，而对 s_3、s_7 具有抑制作用，即促进其他群体向传播者 2 转化，而抑制其他群体向传播者 1 转化。

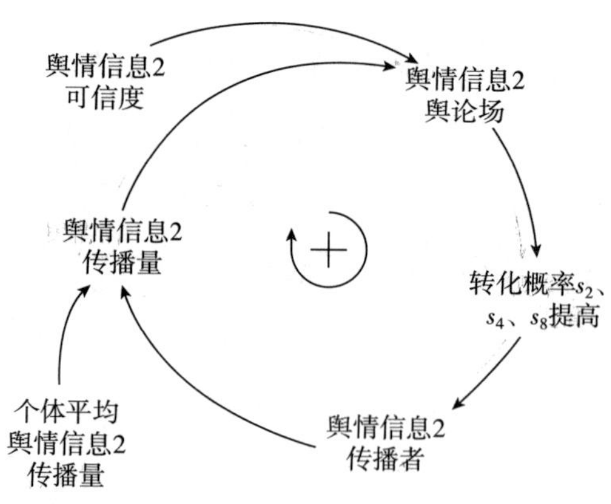

图 3－3　舆情信息 2 舆论场的因果回路

资料来源：笔者自绘。

三、存量流量图

进一步通过确定模型中的状态变量（各群体的数量）、速率变量（主要指各群体之间转化速率）和辅助变量（包括各个转移概率、舆情信息 1 和舆情信息 2 舆论场的影响因素等），利用 Vensim 软件得到流图，如图 3－4 所示。

模型中各个变量的计算方法及构造思路如下：

1. 群体行为状态转移子框架

未知者数量＝INTEG（－转移速率 v_1 －转移速率 v_2，初始值）　(3－1)

传播者 1 数量＝(转移速率 v_1 ＋转移速率 v_3 ＋转移速率 v_7 －转移速率 v_4 －转移速率 v_5，初始值）　(3－2)

传播者 2 数量＝(转移速率 v_2 ＋转移速率 v_4 ＋转移速率 v_8 －转移速率 v_3 －转移速率 v_6，初始值）　(3－3)

免疫者 1 数量＝(转移速率 v_5 －转移速率 v_8，初始值）　(3－4)

免疫者 2 数量＝(转移速率 v_6 －转移速率 v_7，初始值）　(3－5)

转移速率 v_1 ＝修正转移概率 s_1 ×未知者　(3－6)

转移速率 v_2 ＝修正转移概率 s_2 ×未知者　(3－7)

转移速率 v_3 ＝修正转移概率 s_3 ×传播者 2　(3－8)

转移速率 v_4 ＝修正转移概率 s_4 ×传播者 1　(3－9)

转移速率 v_5 ＝初始转移概率 p_5 ×传播者 1　(3－10)

转移速率 v_6 ＝初始转移概率 p_6 ×传播者 2　(3－11)

转移速率 v_7 ＝修正转移概率 s_7 ×免疫者 2　(3－12)

转移速率 v_8 ＝修正转移概率 s_8 ×免疫者 1　(3－13)

其中，在式（3－1）～式（3－5）中，各群体数量为状态变量，其值等于初始值与流入与流出的净值累加；式（3－6）～式（3－13）表明，群体间的转移速率与转移概率及各群体数量正相关。

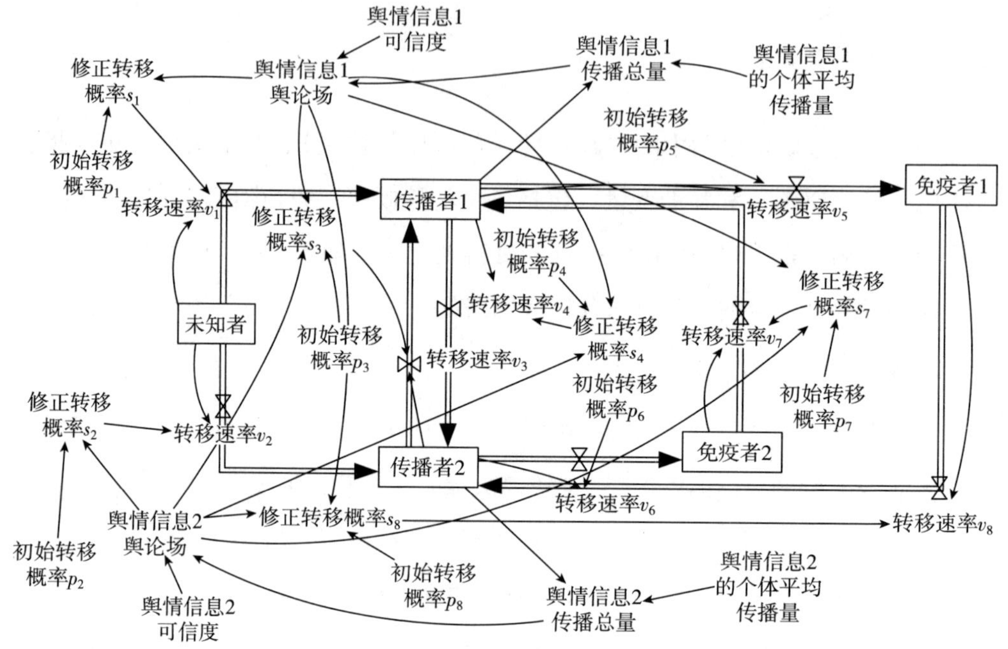

图 3－4　带有平等竞争地位的两种舆情信息演化系统流图

资料来源：笔者自绘。

2. 信息舆论场反馈作用子框架

舆情信息 1 传播总量 = 个体平均舆情信息 1 传播量 × 传播者 1　（3－14）

舆情信息 2 传播总量 = 个体平均舆情信息 2 传播量 × 传播者 2　（3－15）

舆情信息 1 舆论场 =0.3 × 舆情信息 1 可信度 ×10 +0.7 × 舆情信息 1 传播总量　（3－16）

舆情信息 2 舆论场 =0.3 × 舆情信息 2 可信度 ×10 +0.7 × 舆情信息 2 传播总量　（3－17）

修正转移概率 s_1 = 初始转移概率 p_1 ×（1 + 舆情信息 1 舆论场/200）（3－18）

修正转移概率 s_2 = 初始转移概率 p_2 ×（1 + 舆情信息 2 舆论场/200）（3－19）

修正转移概率 s_3 = 初始转移概率 p_3 ×（1 + 舆情信息 1 舆论场/舆情信息 2 舆论场）　（3－20）

修正转移概率 s_4 = 初始转移概率 p_4 ×（1 + 舆情信息 2 舆论场/舆情信息 1 舆

论场） (3－21)

修正转移概率 s_7＝初始转移概率 p_7 ×（1＋舆情信息 1 舆论场/舆情信息 2 舆论场） (3－22)

修正转移概率 s_8＝初始转移概率 p_8 ×（1＋舆情信息 2 舆论场/舆情信息 1 舆论场） (3－23)

式（3－14）～式（3－15）表明舆情信息传播总量由个体平均舆情信息传播量和传播者数量决定；式（3－16）～式（3－17）表明舆情信息舆论场的影响力大小由舆情信息可信度及其传播总量决定；式（3－18）～式（3－23）表明修正转移概率与初始转移概率正相关，舆情信息 1 舆论场可以提高 s_1、s_3、s_7 而降低 s_4、s_8，而舆情信息 2 舆论场则可以提高 s_2、s_4、s_8 而降低 s_3、s_7。

四、情景仿真分析与案例验证

本节设定未知者的初始值为1000。由于在舆情传播初期，传播两种舆情信息的个体较少，且考虑两种舆情信息具有平等竞争地位，本书将传播者 1 和传播者 2 的初始数量同时设定为 1；舆情信息可信度的区间值设为［0，100］，其值设为 50，取值越高，舆情信息可信度越高；同时，由于舆情信息 1 来源于正式渠道，而舆情信息 2 来源于非正式渠道，因此单位时间内传播舆情信息 1 的个体平均传播量设定为 3.2，传播舆情信息 2 的个体平均传播量为 4；鉴于在舆情信息初始传播时刻，群体间的初始状态转移概率较小，因而可以设定 $p_1=0.07$，$p_2=0.07$，$p_3=0.06$，$p_4=0.06$，$p_5=0.06$，$p_6=0.03$，$p_7=0.005$，$p_8=0.005$。

在此基础上，在 Vensim 软件中将仿真周期和步长分别设定为 100d 和 0.2d，并利用该软件进行仿真，进而可以得到模型中五类群体的数量演化情况，如图 3－5所示。由图 3－5 可知，在系统演化初期（0～5d），未知者数量迅速下降直至减少为 0，两种舆情信息的增长在开始时较为同步，而后舆情信息 2 稍微占据主导（传播者 2 的数量高于传播者 1 的数量）。这是由于突发事件本身的危害性，个体往往更容易相信非正式渠道发布的危害性较强的舆情信息 2。在系统演化中期（5～

30d），舆情信息 2 的传播达到峰值后迅速下降。这是由于随着突发事件的妥善处理，正式渠道发布的信息开始发挥作用，非正式渠道的信息被证伪或得到满意答复，此时舆情信息 1 占据主导，且舆情信息的总传播数量开始削减。在系统演化后期（30～70d），此时舆情信息 1 和舆情信息 2 的传播数量削减至较低水平，且免疫者 1 的数量迅速增加达到较高水平，表明事件得到妥善处理，舆情消退。

上述仿真结果同样符合实际。例如，自 2011 年 5 月中旬开始，由肠出血性大肠杆菌导致的传染病疫情开始在德国出现且持续性蔓延，随着时间的推移，瑞典、丹麦、英国等国家也出现感染病例，一时间欧洲陷入恐慌。“西班牙黄瓜”与“芽苗菜”等蔬菜纷纷被公众质疑为此次疫情的根源。在事件始发阶段，“西班牙黄瓜”被公众认为是此次疫情的罪魁祸首，各国纷纷开始抵制西班牙黄瓜，使得西班牙农业遭受重大损失。此时非正式渠道的舆情信息占据主导地位，恐慌与焦虑情绪在民众间蔓延开来。然而专业人士的调查结果显示“豆芽等芽苗菜是造成此次肠出血性大肠杆菌疫情的源头”，并表示生吃黄瓜、西红柿和生菜是安全的。随后非正式渠道发布的“西班牙黄瓜是罪魁祸首”的舆情信息开始迅速削减，而正式渠道发布的“芽苗菜是疫情根源”的舆情信息逐步占据主导地位。

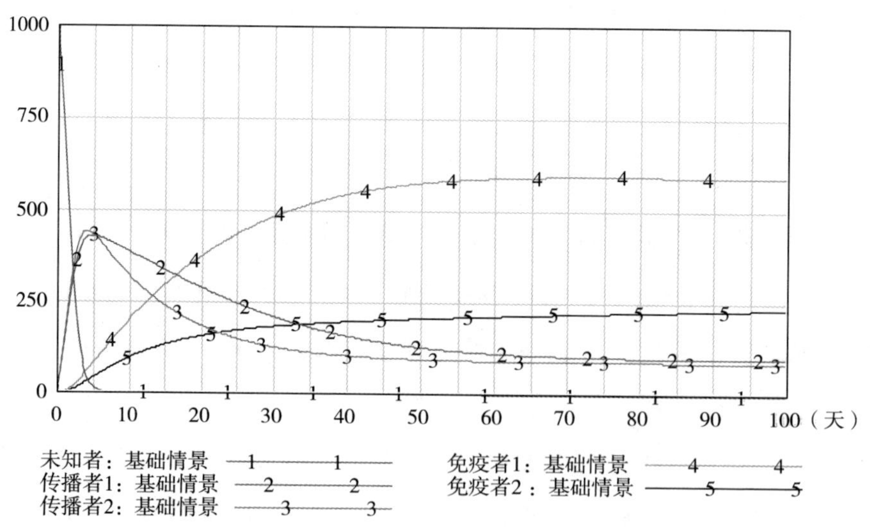

图 3－5　带有平等竞争地位的两种舆情信息演化过程

资料来源：笔者自绘。

第三节　带有不平等竞争地位的两种舆情信息演化的动力学

本章第二节研究了带有平等竞争地位的两种舆情信息的动力学模型，揭示了两种舆情信息平等竞争的动力学机制。由于本章第一节提出了两种舆情信息演化过程中也存在不平等竞争现象，为此，在本章第二节研究的基础上，本节进一步研究带有不平等竞争地位的两种舆情信息演化的动力学。根据模型框架，构建带有不平等竞争地位的两种舆情信息动力学模型，并进行情景仿真与案例验证，为探究新媒体环境下带有不平等竞争地位的两种舆情信息演化规律奠定基础。

一、研究假设与相关符号说明

在实际生活中，舆情传播过程中不同性质的舆情信息往往具有不同的危害。基于此，本书给出强势舆情信息与弱势舆情信息的概念：强势舆情信息，即内容敏感性高、危害性强且与民众利益切身相关，易引发民众普遍关注；弱势舆情信息，即虽然同样具有危害性，但是与强势舆情信息相比，内容敏感性较弱且不直接关系民众利益，因而民众关注较少。基于以上概念界定，进一步提出以下假设：

假设1：突发事件发生后，多种舆情信息最终可以聚类为两种竞争性的舆情信息，即强势舆情信息和弱势舆情信息，且强势舆情信息更加具有吸引力。

假设2：两种舆情信息的传播渠道不再作区分，同时两种舆情信息不平等竞争时，群体更加倾向于传播强势舆情信息。

进一步借鉴带有平等竞争地位的两种舆情信息演化过程中的群体行为状态转移及舆论场反馈作用框架，提出强势与弱势舆情信息共存情景下的群体行为状态转移及舆论场反馈作用框架，如图 3－6 所示。在该框架中，未知者以一定的概率接触弱势舆情信息和强势舆情信息，转化为传播者 1 和传播者 2；当传播者 1 和传播者 2 失去兴趣传播时，分别转化为免疫者 1 和免疫者 2；同时由于强势舆情信息更具吸引力，因而传播者 1 和免疫者 1 分别以一定概率转化为传播者 2。

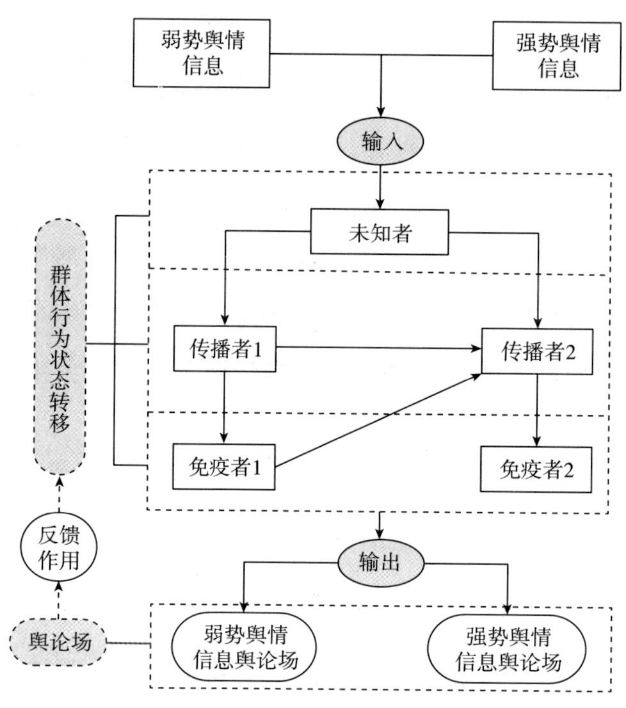

图 3－6　群体行为状态转移及强势与弱势舆情信息舆论场反馈作用框架

资料来源：笔者自绘。

根据以上模型框架，给出初始转移概率和修正转移概率相关符号说明：p_1 和 s_1 为未知者向传播者 1 的初始和修正转移概率；p_2 和 s_2 为未知者向传播者 2 的初始和修正转移概率；p_4 和 s_4 为传播者 1 向传播者 2 的初始和修正转移概率；p_5 为传播者 1 向免疫者 1 的初始转移概率；p_6 为传播者 2 向免疫者 2 的初始转移概率；p_8 和 s_8 为免疫者 1 向传播者 2 的初始和修正转移概率。进一步给出转移速率

的相关符号说明：v_1 为未知者向传播者 1 的转移速率；v_2 为未知者向传播者 2 的转移速率；v_4 为传播者 1 向传播者 2 的转移速率；v_5 为传播者 1 向免疫者 1 的转移速率；v_6 为传播者 2 向免疫者 2 的转移速率；v_8 为免疫者 1 向传播者 2 的转移速率。

二、因果回路图

从弱势舆情信息和强势舆情信息的舆论场反馈作用出发，借助系统动力学理论，分别得到弱势舆情信息舆论场和强势舆情信息舆论场的反馈回路，该因果回路与上节中平等竞争的情况类似。具体如下：

1. 弱势舆情信息舆论场因果回路图

如图 3 –7 所示，弱势舆情信息可信度→弱势舆情信息舆论场→转化概率 s 提高→弱势舆情信息传播者→弱势舆情信息传播量→弱势舆情信息舆论场。在该回路中，弱势舆情信息舆论场主要由弱势舆情信息可信度和弱势舆情信息传播总量决定。同时，由于两种舆情信息具有竞争作用，因此弱势舆情信息舆论场对转化概率 s_1 具有促进作用，而对转化概率 s_4、s_8 具有抑制作用。

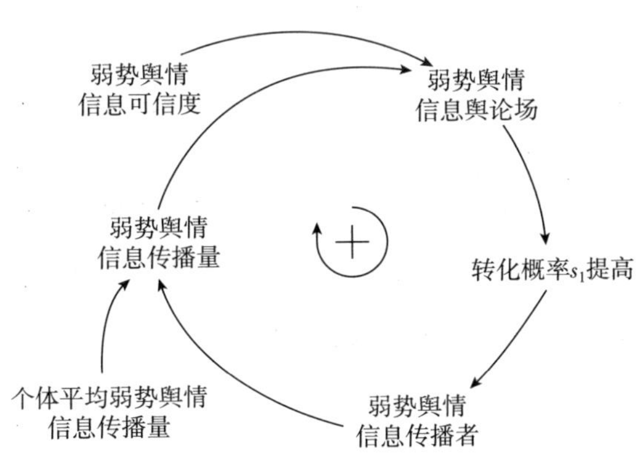

图 3 –7　弱势舆情信息舆论场的因果回路

资料来源：笔者自绘。

2. 强势舆情信息舆论场的因果回路图

如图 3－8 所示，强势舆情信息可信度→强势舆情信息舆论场→转化概率 s_2、s_4、s_8 提高→强势舆情信息传播者→强势舆情信息传播量→强势舆情信息舆论场。其中，在强势舆情信息舆论场因果回路图中，强势舆情信息舆论场对 s_2、s_4、s_8 具有促进作用，即促进其他群体向传播者 2 转化。

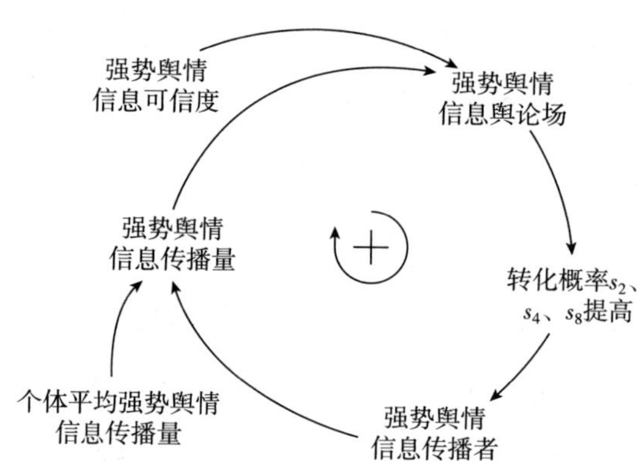

图 3－8　强势舆情信息舆论场的因果回路

资料来源：笔者自绘。

三、存量流量图

同样通过确定模型中的状态变量、速率变量和辅助变量，利用 Vensim 软件得到带有不平等竞争地位的两种舆情信息演化系统流图，如图 3－9 所示。

模型中的各个变量的计算方法及构造思路如下：

1. 群体行为状态转移子框架

未知者数量＝INTEG（－转移速率 v_1 －转移速率 v_2，初始值）　　(3－24)

传播者 1 数量＝（转移速率 v_1 －转移速率 v_4 －转移速率 v_5，初始值）(3－25)

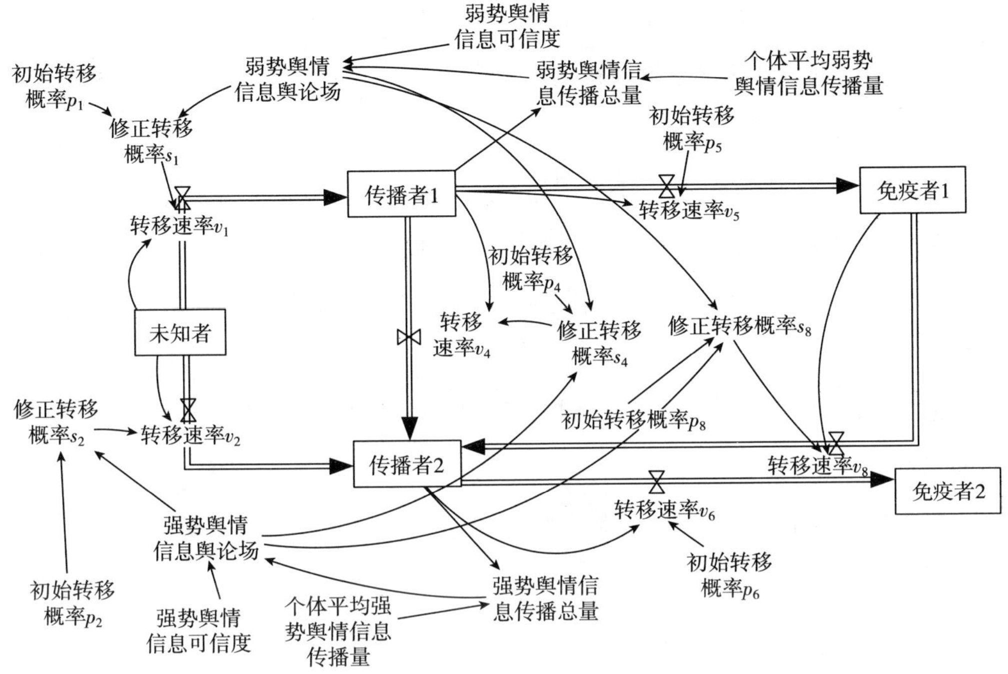

图3－9　带有不平等竞争地位的两种舆情信息演化系统流图

资料来源：笔者自绘。

传播者2数量＝(转移速率 v_2 ＋转移速率 v_4 ＋转移速率 v_8 －转移速率 v_6，初始值)　　(3－26)

免疫者1数量＝(转移速率 v_5 －转移速率 v_8，初始值)　　(3－27)

免疫者2数量＝(转移速率 v_6，初始值)　　(3－28)

转移速率 v_1 ＝修正转移概率 s_1 ×未知者　　(3－29)

转移速率 v_2 ＝修正转移概率 s_2 ×未知者　　(3－30)

转移速率 v_4 ＝修正转移概率 s_4 ×传播者　　(3－31)

转移速率 v_5 ＝初始转移概率 s_5 ×传播者1　　(3－32)

转移速率 v_6 ＝初始转移概率 s_6 ×传播者2　　(3－33)

转移速率 v_8 ＝修正转移概率 s_8 ×免疫者1　　(3－34)

其中，在式（3－24）～式（3－28）中，各群体数量为状态变量，其值等于初始值与流入和流出的净值累加；式（3－29）～式（3－34）表明，群体间的转移速率与转移概率及各群体数量正相关。

2. 信息舆论场反馈作用子框架

弱势舆情信息传播总量＝个体平均弱势舆情信息传播量×传播者1 （3－35）

强势舆情信息传播总量＝个体平均强势舆情信息传播量×传播者2 （3－36）

弱势舆情信息舆论场＝0.3×弱势舆情信息可信度×10＋0.7×弱势舆情信息传播总量 （3－37）

强势舆情信息舆论场＝0.3×强势舆情信息可信度×10＋0.7×强势舆情信息传播总量 （3－38）

修正转移概率 s_1 ＝初始转移概率 p_1 ×（1＋弱势舆情信息舆论场/200） （3－39）

修正转移概率 s_2 ＝初始转移概率 p_2 ×（1＋强势舆情信息舆论场/200） （3－40）

修正转移概率 s_4 ＝初始转移概率 p_4 ×（1＋强势舆情信息舆论场/弱势舆情信息舆论场） （3－41）

修正转移概率 s_8 ＝初始转移概率 p_8 ×（1＋强势舆情信息舆论场/弱势舆情信息舆论场） （3－42）

式（3－35）～式（3－36）表明，舆情信息传播总量由个体平均舆情信息传播量和传播者数量决定；式（3－37）～式（3－38）表明，舆情信息舆论场的影响力大小由舆情信息可信度及其传播总量决定；式（3－39）～式（3－42）表明，弱势舆情信息舆论场可以提高 s_1，降低 s_4、s_8，而强势舆情信息舆论场则可以提高 s_2、s_4、s_8。

四、情景仿真分析与案例验证

同样设定未知者的初始值为1000，传播者1和传播者2的数量同时设定为1；舆情信息可信度取值为50；单位时间内个体平均舆情信息传播量设定为4；

由于在舆情信息初始传播时刻，此时群体间的初始转移概率较小，因此可以设定 $p_1=0.07$，$p_2=0.07$，$p_4=0.06$，$p_5=0.06$，$p_6=0.03$，$p_8=0.005$。基于以上数据，运用 Vensim 软件对带有不平等竞争地位的两种舆情信息演化过程进行仿真分析，进而可以得到模型中五类群体的数量演化情况，如图 3－10 所示。

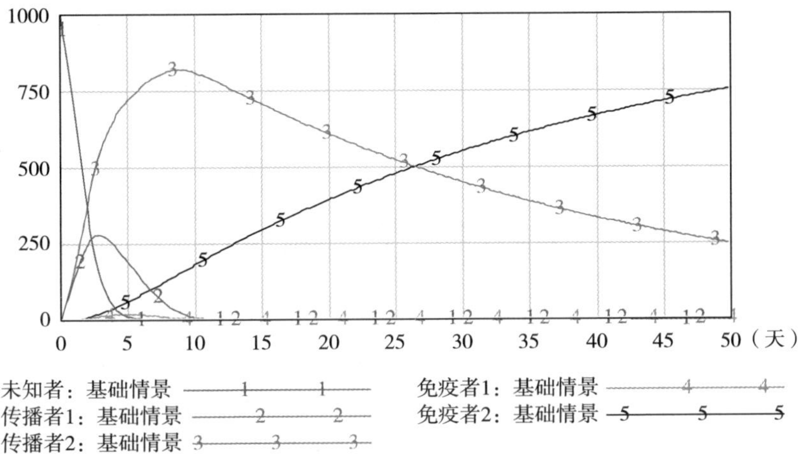

图 3－10　带有不平等竞争地位的两种舆情信息演化过程

资料来源：笔者自绘。

由图 3－10 可知，在系统演化初期（0～2.5d），未知者数量快速下降至较低水平，而弱势舆情信息与强势舆情信息持续时间增长，且强势舆情信息增加速率较快，稍微占据主导（传播者 2 的数量大于传播者 1 的数量）地位。这是由于事件发生伊始，民众对突发事件的相关信息了解较少，相关的舆情信息极易引起民众的广泛关注。在系统演化中期（2.5～10d），强势舆情信息持续占据主导地位，但强势舆情信息的增加速率减少，同时弱势舆情信息传播量持续减少，并降至较低水平。这是由于随着事件进程的推移，弱势舆情信息未能持续引发民众关注，而强势舆情信息始终能够吸引民众关注，且免疫者 1 大量转化为传播者 1，因而强势舆情信息能够保持较高传播量；在系统演化后期（10～50d），传播者 2 的数量开始下降，免疫者 2 的数量持续上升，表明强势舆情信息的传播量开始减少，表明随着事件的妥善处理，舆情信息开始逐渐消退。

以上仿真结果同样符合实际。例如，2018 年印尼海啸事件发生后，在微博、微信上广泛扩散的主要有两种舆情信息，在两种舆情信息共同传播过程中，由于灾难起因类的舆情信息与人们的生命安全切身相关，更易引起民众的普遍关注，因此灾难起因类的舆情信息始终占据主导地位；随着时间的推移，民族类的舆情信息传播量开始削减，而灾难起因类的舆情信息的传播量持续增长。两种舆情信息共同推动舆情热度高涨，最终灾难起因类的舆情信息占据舆论制高点。

第四节　本章小结

在第二章相关文献回顾与基本理论方法介绍的基础上，本章进一步重点研究了新媒体环境下两种舆情信息的竞争地位及其动力学。首先基于多案例研究，总结了舆情传播中两种舆情信息的竞争地位包括平等竞争和不平等竞争，并界定了两者的具体概念。其次，分别构建了具有平等竞争关系及不平等竞争关系的两种舆情信息动力学模型，并得到相应的因果回路图与存量流量图。最后，运用 Matlab 软件进行情景仿真与案例验证，验证了两种舆情信息动力学模型的有效性。通过比较发现，从整体而言，带有平等竞争地位的两种舆情信息的增减趋势较为一致；在带有不平等竞争地位的两种舆情信息演化过程中，强势舆情信息不但始终占据主导地位，而且传播周期长；相比之下，弱势舆情信息不但传播周期短，而且消退速度快。

第四章　新媒体环境下带有平等竞争地位的两种舆情信息演化规律

在第三章第二节中，建立了带有平等竞争地位的两种舆情信息演化的动力学模型，并提出在舆情信息演化过程中，平等竞争的两种舆情信息的增减趋势较为一致。在此基础上，本章将进一步深入研究新媒体环境下带有平等竞争地位的两种舆情信息演化规律。首先，根据个体对舆情信息的反映，将整个人群进行群体状态划分，并给出两种舆情信息的平等竞争框架（第一节）。其次，借助传染病模型的构造思路，构建带有平等竞争地位的两种舆情信息演化模型（第二节）。然后，对演化模型的平衡点进行求解并详细分析平衡点的稳定性和稳定条件（第三节）。再次，通过情景仿真探讨两种舆情信息发布时间、新媒体环境下网络平均度增加及两种舆情信息间的平等竞争对两种舆情信息演化结果的影响（第四节）。最后，总结本章的研究成果（第五节）。

第一节　两种舆情信息的群体状态划分及平等竞争框架

突发事件发生后，有关事件的舆情信息会逐步引发民众的关注，鉴于舆情传播与疾病传播的相似性，民众对舆情信息的反应状态可表现为未知态、传播态、免疫态（Daley 和 Kendall，1965）。当舆情演化过程中存在两种舆情信息时，此时群体的状态可进一步细分为未知态、传播态1、传播态2、免疫态1、免疫态2。

当两种舆情信息存在平等竞争地位时，两种舆情信息竞争的目的是获取民众的关注和支持，本质是群体面对不同舆情信息时的行为状态转移关系。具体表现为：①传播态1向传播态2转化或传播态2向传播态1转化；②免疫态1向传播态2转化或免疫态2向传播态1转化。据此，给出两种舆情信息的平等竞争框架，如图4－1所示。

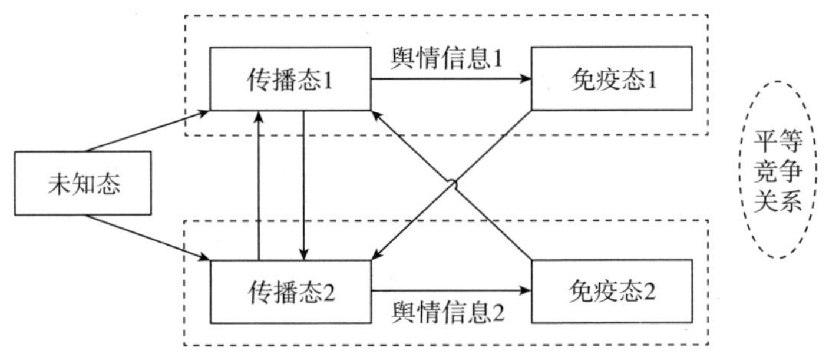

图4－1　两种舆情信息的平等竞争框架

资料来源：笔者自绘。

第二节　带有平等竞争地位的两种舆情信息演化模型

本章第一节分析了两种舆情信息演化过程中的群体状态划分及平等竞争框架，本节重点关注带有平等竞争地位的两种舆情信息演化模型。首先基于传染病模型的构造思路，给出研究假设与相关符号说明。然后，构建两种舆情信息平等竞争的演化模型。

一、模型假设与相关符号说明

因为舆情传播过程的复杂性，给出如下假设：

假设 1：考虑到突发事件发生后产生多样的碎片化舆情信息，这些信息可以聚类为两种具有竞争关系的舆情信息，包括舆情信息 1 与舆情信息 2，且两种舆情信息处于平等竞争地位，即两种舆情信息对民众具有相同的吸引力。

假设 2：根据民众对于舆情信息的行为反应，将民众划分为以下群体类型：未知者、传播者 1（舆情信息 1 传播者）、传播者（舆情信息 2 传播者）、免疫者 1（舆情信息 1 免疫者）、免疫者 2（舆情信息 2 免疫者）。通过各群体的比例来刻画其各自的人数变化，且未知者、传播者 1、传播者 2、免疫者 1、免疫者 2 在任意时刻的人数比例分别为 $I(t)$、$S_1(t)$、$S_2(t)$、$R_1(t)$ 和 $R_2(t)$，并简记为 I、S_1、S_2、R_1 和 R_2，则 $I+S_1+S_2+R_1+R_2=1$。

假设 3：两种舆情信息的交互传播过程发生在开放的社会系统中，并设 c 和 g 分别表示受出生、病变和死亡等因素所影响的民众迁入率和迁出率，c，$g\in[0,\ 1]$。受应急管理者调控等因素的影响，舆情信息传播周期通常不会过长，因此不妨假设该周期内民众的迁入和迁出较为平稳（即该周期内不会出现重大生育政策调整或其他严重影响民众生命安全的伤亡事故），从而社会系统总人数保持稳定，即 $c=g$（Wang 等，2014）。

二、模型构建

整个人群中：未知者，即未听过舆情信息（舆情信息 1 和舆情信息 2）且易接收到舆情信息的个体；传播者 1 与传播者 2 分别指传播舆情信息 1 与舆情信息 2 的个体；免疫者 1 与免疫者 2 分别指了解到舆情信息 1 与舆情信息 2 但均失去兴趣传播的个体。通过对群体类型进行划分，并借助传染病模型的构造思路（Wang 等，2014），建立带有平等竞争地位的两种舆情信息演化模型，如图 4－2 所示。

进而根据以上不同群体间的状态转移规则及研究假设，建立微分方程组如下：

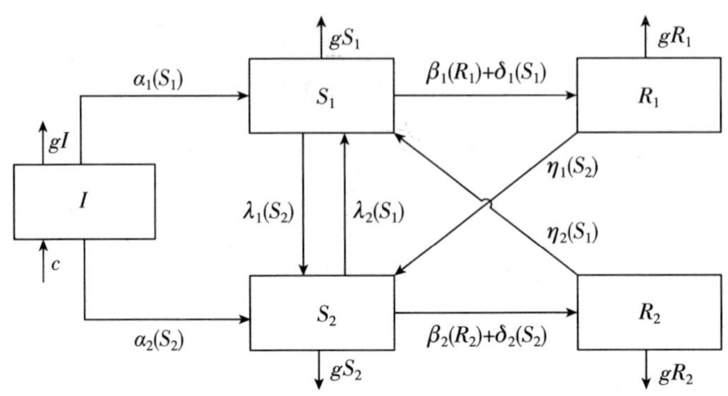

图 4-2 带有平等竞争地位的两种舆情信息演化模型

资料来源：笔者自绘。

$$\begin{cases}\dfrac{dI}{dt}=c-\alpha_1 IS_1\overline{k}-\alpha_2 IS_2\overline{k}-gI\\ \dfrac{dS_1}{dt}=\alpha_1 IS_1\overline{k}-\beta_1 S_1R_1\overline{k}-\lambda_1 S_1S_2\overline{k}-\delta_1 S_1S_1\overline{k}+\lambda_2 S_1S_2\overline{k}+\eta_2 S_1R_2\overline{k}-gS_1\\ \dfrac{dS_2}{dt}=\alpha_2 IS_2\overline{k}-\beta_2 S_2R_2\overline{k}-\lambda_2 S_2S_1\overline{k}-\delta_2 S_2S_2\overline{k}+\lambda_1 S_1S_2\overline{k}+\eta_1 S_2R_1\overline{k}-gS_2\\ \dfrac{dR_1}{dt}=\beta_1 S_1R_1\overline{k}-\eta_1 S_2R_1\overline{k}+\delta_1 S_1S_1\overline{k}-gR_1\\ \dfrac{dR_2}{dt}=\beta_2 S_2R_2\overline{k}-\eta_2 S_1R_2\overline{k}+\delta_2 S_2S_2\overline{k}-gR_2\end{cases} \tag{4-1}$$

其中：dI/dt、dS_1/dt、dS_2/dt、dR_1/dt、dR_2/dt 分别表示未知者、传播者 1、传播者 2、免疫者 1、免疫者 2 的人数所占比例的变化率；α_1 为未知者与传播者 1 接触时向传播者 1 的转化率；α_2 为未知者与传播者 2 接触时向传播者 2 的转化率；λ_1 为传播者 1 与传播者 2 接触时向传播者 2 的转化率；λ_2 为传播者 2 与传播者 1 接触时向传播者 1 的转化率；β_1 为传播者 1 与免疫者 1 接触时向免疫者 1 的转化率；β_2 为传播者 2 与免疫者 2 接触时向免疫者 2 的转化率；δ_1 为传播者 1 与传播者 1 接触时向免疫者 1 的转化率；δ_2 为传播者 2 与传播 2 接触时向免疫者 2 的转化率；η_1 为免疫者 1 与传播者 2 接触时向传播者 2 的转化率；η_2 为免疫者

2 与传播者 1 接触时向传播者 1 的转化率；$\overline{k}$ 代表均匀网络的平均度。以上转化率存在如下约束：α_1、α_2、β_1、β_2、λ_1、λ_2、η_1、$\eta_2 \in [0, 1]$。

第三节　模型性质分析

本章第二节构建了带有平等竞争地位的两种舆情信息演化模型，本节在此基础上重点关注模型的平衡点及其稳定性。

1. 平衡点求解

令方程（4-1）右端的各项为0，则可得：当 $c=g$，总存在 $E^0=(1, 0, 0, 0, 0)$，因此，若 $c=g$，模型存在唯一零传播平衡点 $E^0=(I^0, S_1^0, S_2^0, R_1^0, R_2^0)=(1, 0, 0, 0, 0)$。

2. 稳定性分析

定理：如果 $R_0 \leqslant 1$，零传播平衡点 $E^0=(1, 0, 0, 0, 0)$ 是系统的全局渐进稳定点，如果 $R_0>1$，零传播平衡点 $E^0=(1, 0, 0, 0, 0)$ 是不稳定的。

证明：方程（4-1）的雅克比矩阵为：

$$J=\begin{pmatrix} -\alpha_1 S_1\overline{k}-\alpha_2 S_2\overline{k}-g & -\alpha_1 I\overline{k} & -\alpha_1 I\overline{k} & 0 & 0 \\ \alpha_1 S_1\overline{k} & a_{11} & a_{22} & -\beta_1 S_1\overline{k} & \eta_2 S_1\overline{k} \\ \alpha_2 S_2\overline{k} & a_{33} & a_{44} & \eta_1 S_2\overline{k} & -\beta_1 S_1\overline{k} \\ 0 & -\beta_1 R_1\overline{k}+2\delta_1 S_1\overline{k} & -\eta_1 R_1\overline{k} & a_{55} & 0 \\ 0 & -\eta_2 R_2\overline{k} & \beta_2 R_2\overline{k}+2\delta_2 S_2\overline{k} & 0 & a_{66} \end{pmatrix} \tag{4-2}$$

其中，$a_{11}=\alpha_1 I\overline{k}-\beta_1 R_1\overline{k}-2\delta_1 S_1\overline{k}-\lambda_1 S_2\overline{k}+\lambda_2 S_2\overline{k}+\eta_2 R_2\overline{k}-g$，$a_{22}=-\lambda_1 S_1\overline{k}+\lambda_2 S_1\overline{k}$，$a_{33}=-\lambda_2 S_2\overline{k}+\lambda_1 S_2\overline{k}$，$a_{44}=\alpha_2 I\overline{k}-\beta_2 R_2\overline{k}-2\delta_2 S_2\overline{k}-\lambda_2 S_1\overline{k}+$

$\lambda_1 S_1 \bar{k} + \eta_1 R_1 \bar{k} - g$，$a_{55} = \beta_1 S_1 \bar{k} - \eta_1 S_2 \bar{k} - g$，$a_{66} = \beta_2 S_2 \bar{k} - \eta_2 S_1 \bar{k} - g$。进一步将零传播平衡点 $E^0 = (1, 0, 0, 0, 0)$ 代入式(4-2)得：

$$J(E_0) = \begin{pmatrix} -g & -\alpha_1 \bar{k} & -\alpha_2 \bar{k} & 0 & 0 \\ 0 & \alpha_1 \bar{k} - g & 0 & 0 & 0 \\ 0 & 0 & \alpha_2 \bar{k} - g & 0 & 0 \\ 0 & 0 & 0 & -g & 0 \\ 0 & 0 & 0 & 0 & -g \end{pmatrix} \tag{4-3}$$

进而可得矩阵的特征方程为：

$$|J(E_0) - \lambda S| = \begin{pmatrix} -\lambda - g & -\alpha_1 \bar{k} & -\alpha_2 \bar{k} & 0 & 0 \\ 0 & \alpha_1 \bar{k} - \lambda - g & 0 & 0 & 0 \\ 0 & 0 & \alpha_2 \bar{k} - \lambda - g & 0 & 0 \\ 0 & 0 & 0 & -\lambda - g & 0 \\ 0 & 0 & 0 & 0 & -\lambda - g \end{pmatrix}$$

$$= (-\lambda - g)^3 (\alpha_1 \bar{k} - \lambda - g)(\alpha_2 \bar{k} - \lambda - g) \tag{4-4}$$

根据 Samsuzzoha 等（2013）提出的求解方法，可求得基本再生数为 $R_0 = \max\{\alpha_1 \bar{k}/g, \alpha_2 \bar{k}/g\}$。当 $R_0 \leqslant 1$ 时，行列式的特征值显然都小于 0，即模型在 E^0 处局部渐进稳定；而当 $R_0 > 1$ 时，模型在 E^0 处不稳定。这符合 Hurwitz 判断准则（Al－Azzawi，2012）。

进一步地，证明零传播平衡点的全局渐进稳定性：

证明：构造李雅普诺夫函数：$L(t) = aS_1 + bS_2$

这里 $a = m\eta_1/g^2$，假设 m 为足够大的正整数，且满足 $m\eta_1 \geqslant \beta_1$，$b = \beta_1/g^2$，由此可得：

$$L'(t) = \frac{m\eta_1}{g^2}(\alpha_1 I S_1 \bar{k} - \beta_1 S_1 R_1 \bar{k} - \lambda_1 S_1 S_2 \bar{k} - \delta_1 S_1 S_1 \bar{k} + \lambda_2 S_1 S_2 \bar{k} + \eta_2 S_1 R_2 \bar{k} - g S_1) +$$

$$\frac{\beta_1}{g^2}(\alpha_2 I S_2 \bar{k} - \beta_2 S_2 R_2 \bar{k} - \lambda_2 S_2 S_1 \bar{k} - \delta_2 S_2 S_2 \bar{k} + \lambda_1 S_1 S_2 \bar{k} + \eta_1 S_2 R_1 \bar{k} - g S_2)$$

$$
\begin{aligned}
&= \frac{m\eta_1}{g^2}(\alpha_1 IS_1\bar{k} - \beta_1 S_1 R_1 \bar{k} - \delta_1 S_1 S_1 \bar{k} + \eta_2 S_1 R_2 \bar{k} - gS_1) + \\
&\frac{\beta_1}{g^2}(\alpha_2 IS_2\bar{k} - \beta_2 S_2 R_2 \bar{k} - \delta_2 S_2 S_2 \bar{k} + \eta_1 S_2 R_1 \bar{k} - gS_2) + \\
&\frac{m\eta_1}{g^2}(-\lambda_1 S_1 S_2 \bar{k} + \lambda_2 S_1 S_2 \bar{k}) + \frac{\beta_1}{g^2}(-\lambda_2 S_2 S_1 \bar{k} + \lambda_1 S_1 S_2 \bar{k}) \\
&= \frac{m\eta_1}{g}\left(\frac{\alpha_1 IS_1\bar{k}}{g} - \frac{\beta_1 S_1 R_1 \bar{k}}{g} - \frac{\delta_1 S_1 S_1 \bar{k}}{g} + \frac{\eta_2 S_1 R_2 \bar{k}}{g} - \frac{gS_1}{g}\right) + \frac{\beta_1}{g} \\
&\left(\frac{\alpha_2 IS_2\bar{k}}{g} - \frac{\beta_2 S_2 R_2 \bar{k}}{g} - \frac{\delta_2 S_2 S_2 \bar{k}}{g} + \frac{\eta_1 S_2 R_1 \bar{k}}{g} - \frac{gS_2}{g}\right) + \frac{(\beta_1 - m\eta_1) S_2 S_1 \bar{k}(\lambda_1 - \lambda_2)}{g^2} \\
&= \left[\frac{m\eta_1}{g}\left(\frac{\alpha_1 IS_1\bar{k}}{g} - \frac{\delta_1 S_1 S_1 \bar{k}}{g} - \frac{gS_1}{g}\right) - \frac{m\eta_1\beta_1 S_1 R_1 \bar{k}}{g^2} + \frac{m\eta_1\eta_2 S_1 R_2 \bar{k}}{g^2}\right] + \\
&\left[\frac{\beta_1}{g}\left(\frac{\alpha_2 IS_2\bar{k}}{g} - \frac{\delta_2 S_2 S_2 \bar{k}}{g} - \frac{gS_2}{g}\right) - \frac{\beta_1\beta_2 S_2 R_2 \bar{k}}{g^2} + \frac{\beta_1\eta_1 S_2 R_1 \bar{k}}{g^2}\right] + \\
&\left[\frac{(\beta_1 - m\eta_1) S_2 S_1 \bar{k}(\lambda_1 - \lambda_2)}{g^2}\right] \leqslant \\
&\left[\frac{m\eta_1}{g}\left(\frac{\alpha_1 I\bar{k}}{g} - \frac{\delta_1 S_1 \bar{k}}{g} - \frac{g}{g}\right) - \frac{m\eta_1\beta_1 R_1 \bar{k}}{g^2} + \frac{m\eta_1\eta_2 R_2 \bar{k}}{g^2}\right] + \\
&\left[\frac{\beta_1}{g}\left(\frac{\alpha_2 I\bar{k}}{g} - \frac{\delta_2 S_2 \bar{k}}{g} - \frac{g}{g}\right) - \frac{\beta_1\beta_2 R_2 \bar{k}}{g^2} + \frac{\beta_1\eta_1 R_1 \bar{k}}{g^2}\right] + \\
&\left[\frac{(\beta_1 - m\eta_1) S_2 S_1 \bar{k}(\lambda_1 - \lambda_2)}{g^2}\right] \leqslant \frac{m\eta_1}{g}\left(\frac{\alpha_1\bar{k}}{g} - 1 - \frac{\delta_1 S_1 \bar{k}}{g}\right) + \\
&\frac{\beta_1}{g}\left(\frac{\alpha_2\bar{k}}{g} - 1 - \frac{\delta_2 S_2 \bar{k}}{g}\right) + \frac{-m\eta_1\beta_1 R_1 \bar{k} + \eta_1\beta_1 R_1 \bar{k}}{g^2} + \\
&\frac{(\beta_1 - m\eta_1) S_2 S_1 \bar{k}(\lambda_1 - \lambda_2)}{g^2} + \frac{m\eta_1\eta_2 R_2 \bar{k} - \beta_1\beta_2 R_2 \bar{k}}{g^2}
\end{aligned}
\tag{4-5}
$$

根据 Lasalle 准则（Lasalle，1976），当 $R_0 \leqslant 1$ 时，即 $R_0 = \max\{\alpha_1\bar{k}/g,\ \alpha_2\bar{k}/g\} \leqslant 1$，且 $m\eta_1 \geqslant \beta_1$，此时不等式右端前三项皆小于 0；同时由于本节研究的是带有平等竞争地位的两种舆情信息，具体表现为其转化概率取值相同，即 $\lambda_1 = \lambda_2$、$\eta_1 = \eta_2$、$\beta_1 = \beta_2$，则 $(\beta_1 - m\eta_1) S_2 S_1 \bar{k}(\lambda_1 - \lambda_2) = 0$；根据舆情传播实际情况中传

播者转化为免疫者的概率远大于免疫者再次转化为传播者的概率，即设 m 为足够大的整数且 $m \geqslant 1$，则存在以下关系：$\beta_1 > m\eta_1$，$\beta_2 > m\eta_2$，$\beta_1\beta_2 = \beta_1^2 > m\eta_1\varepsilon\eta_2 = m^2\eta_1\eta_2 \geqslant m\eta_1\eta_2$，因此 $m\eta_1\eta_2R_2\bar{k} - \beta_1\beta_2R_2\bar{k} < 0$。由以上可知，$L'(t) \leqslant 0$，因此零传播平衡点 $E_0 = (1, 0, 0, 0, 0)$ 是全局渐进稳定点。

由于舆情传播是一个舆情信息趋于消亡的过程，因此最终传播者会消失，即 $S_1(\infty) = 0$，$S_2(\infty) = 0$。在这种情况下，系统达到平衡状态时，只存在未知者、免疫者 1 和免疫者 2，而两种免疫者的最终规模 $R(\infty) = R_1(\infty) + R_2(\infty)$，可以衡量两种舆情信息的影响范围。事实上，$R(\infty) = 1 - I(\infty)$。Arino 等（2007）提出免疫者最终规模涉及的基本参数主要包括基本再生数和 $n \times n$ 的矩阵 V，同时根据 Dreessche 和 Watmough（2002）提出的矩阵 V 中只涉及变量 $S_1(t)$ 和 $S_2(t)$，因此可以得到：

$$V = \begin{pmatrix} g & 0 \\ 0 & g \end{pmatrix},\ V^{-1} = \begin{pmatrix} \frac{1}{g} & 0 \\ 0 & \frac{1}{g} \end{pmatrix} \tag{4-6}$$

借鉴 Arino 等（2007）提出的方法，未知者的最终规模为：

$$\begin{aligned} \ln\frac{I(0)}{I(\infty)} &= R_0\frac{I(0) - I(\infty)}{I(0)} + (\alpha_1\bar{k},\ \alpha_2\bar{k})\begin{pmatrix} \frac{1}{g} & 0 \\ 0 & \frac{1}{g} \end{pmatrix}\begin{pmatrix} S_1(0) \\ S_2(0) \end{pmatrix} \\ &= R_0\frac{I(0) - I(\infty)}{I(0)} + \frac{\alpha_1\bar{k}}{g}S_1(0) + \frac{\alpha_2\bar{k}}{g}S_2(0) \end{aligned} \tag{4-7}$$

第四节　情景仿真分析

本章第二节构建了带有平等竞争地位的两种舆情信息演化模型，并在第三节

分析了演化模型的稳定性。在此基础上，本节将进一步运用 Matlab 软件求解上述微分方程组，并进行情景仿真来探究两种舆情信息发布时间、新媒体环境下网络平均度增加及两种舆情信息间的平等竞争对两种舆情信息平等竞争演化结果的影响。

一、情景界定与相关参数取值说明

考虑到两种舆情信息出现时刻的不同，在本书中表现为传播者 1 的初始数量 $S_1(0)$ 和传播者 2 初始数量 $S_2(0)$ 的不同，同时为简化分析假设 $c=g=0.001$。借鉴 Wang 等（2014）提出的 2SI2R 模型中的参数设置，模型中各群体的比例设置如下：$I(0)=0.993$，$S_1(0)=0.006$，$S_2(0)=0.001$，$R_1(0)=0$，$R_2(0)=0$；其余参数取值如下：$\alpha_1=\alpha_2=0.03$，$\beta_1=\beta_2=0.04$，$\lambda_1=\lambda_2=0.02$，$\eta_1=\eta_2=0.02$，$\delta_1=\delta_2=0.02$，$\bar{k}=20$。基于以上赋值，得到各群体比例随时间的变化曲线，如图 4－3 所示。

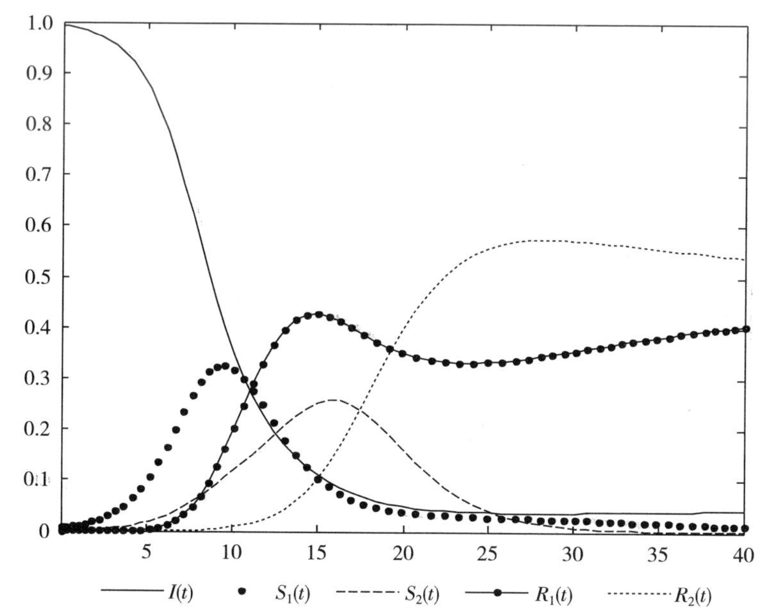

图 4－3　带有平等竞争地位的两种舆情信息演化模型的各群体比例变化

资料来源：笔者自绘。

由图 4－3 可知，未知者比例持续下降并达到稳定状态；传播者 1 的比例首先上升，后达到峰值后缓慢下降为 0，而传播者 2 与传播者 1 比例变化曲线大致相同，但时间相对延后；免疫者 1 的比例分别在传播者 1 比例变化曲线峰值处开始迅速增加，随后达到稳定状态，免疫者 2 与免疫者 1 的比例变化规律相同。

模型中由于考虑了两种舆情信息出现时刻的不同，因而在两种舆情信息平等竞争过程中，两种舆情信息的传播峰值存在明显的时间差，上述仿真结果同样符合实际。

为进一步考察模型中关键可控参数变动对两种舆情信息演化规律的影响，本节设置三种独立情景，每种情景分别考察 $S_1(0)$，$\bar{k}$ 以及 λ_1、λ_2、η_1、η_2 三种参数变动对模型演化的影响，分别为情景 1、情景 2 及情景 3。由于传播者比例变化反映了两种舆情信息传播过程中的竞争态势，而免疫者的比例变化则反映了舆情信息的最终影响范围，因此每种情景下重点考察传播者 1 与传播者 2 及免疫者（免疫者 1 与免疫者 2 之和，本节重点考察参数变动对免疫者最终规模的影响，为便于观察，因而对免疫者 1 与免疫者 2 求和）的变化规律。

二、仿真分析与政策建议

情景 1：参数 $S_1(0)$ 变动对模型结果的影响。

在情景 1 中分别设定 $S_1(0)=0.006$、$S_1(0)=0.06$ 和 $S_1(0)=0.12$，即当弱势舆情信息相较于舆情信息 2 出现的时间点差距扩大，观察其对各类型群体比例的影响，模型演化结果如图 4－4 和图 4－5 所示。

由图 4－4 可知，参数 $S_1(0)$ 增加，导致传播者 1 的峰值提高，且峰值的来临时间提前；同时传播者 2 的峰值同样提高，但峰值来临时间延后，其结果是传播者 1 与传播者 2 的数量交替变化更加明显，整体舆情传播态势更加难以调控。另外，由图 4－5 可知，两种舆情信息出现时间差的扩大，并不影响免疫者最终规模。当社会系统中首先出现一种谣言时，另一种处于同等竞争地位的引导性信息则不宜发布过晚，否则两种舆情信息的交替变化更加明显，此时引导信息的发布对舆情信息演化态势不仅不能起到相应的调控作用，反而会致使整体舆情态势升级。

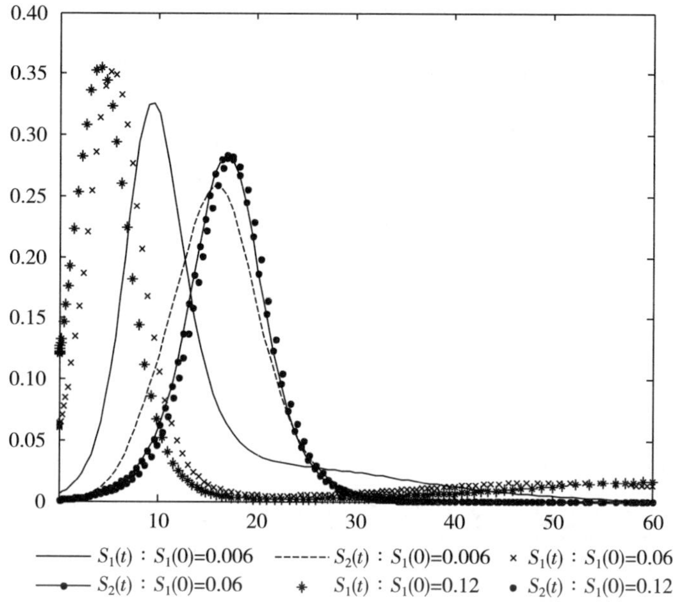

图 4－4　情景 1 中传播者 1 和传播者 2 的数量演化

资料来源：笔者自绘。

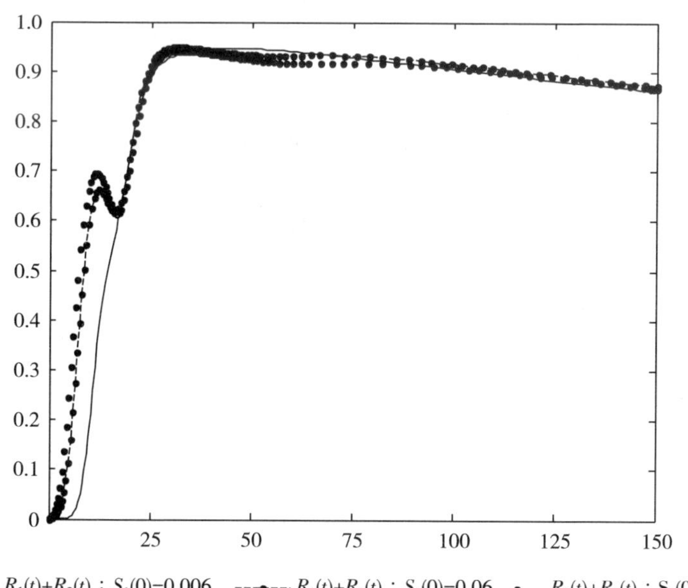

图 4－5　情景 1 中免疫者的数量演化

资料来源：笔者自绘。

情景 2：参数 $\overline{k}$ 变动对模型结果的影响。

在新媒体时代，以两微一端为代表的信息传播载体得到广泛应用，使得人与人之间的交流更加便捷，联系更加密切，这反映了网络平均度的增加，在本模型中表现为 $\overline{k}$ 值的增大。为考察网络平均度的影响，情景 2 中分别设定 $\overline{k}=20$，$\overline{k}=30$，$\overline{k}=40$，观察网络平均度增加对各群体比例变化演化的影响，模型演化结果如图 4－6 和图 4－7 所示。

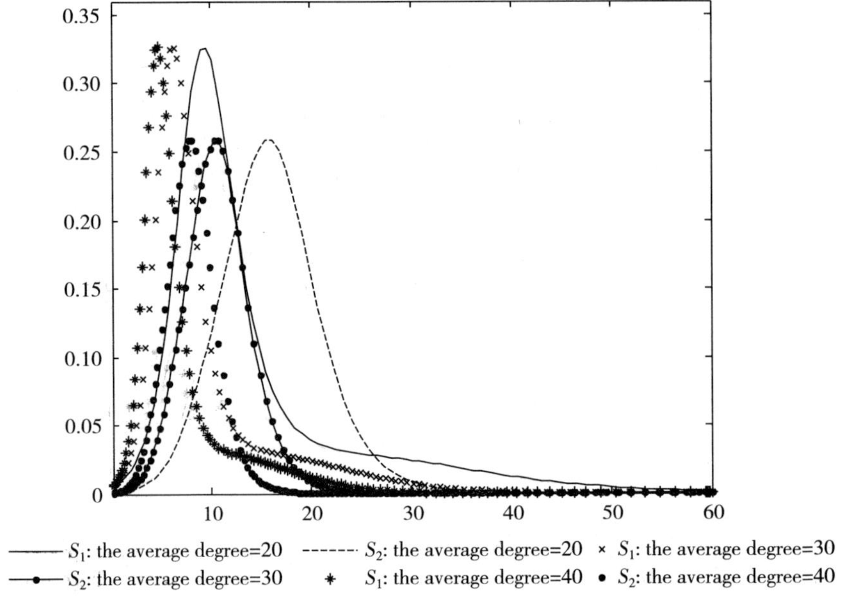

图 4－6　情景 2 中传播者 1 与传播者 2 的数量演化

资料来源：笔者自绘。

由图 4－6 可知，随着 $\overline{k}$ 的增加，传播者 1 与传播者 2 的增减变化更为迅速，但 $\overline{k}$ 的增加并没有改变传播者 1 与传播 2 的峰值。由图 4－7 可知，随着 $\overline{k}$ 的增加，免疫者数量增加更为迅速，能够较快达到稳定状态，但并不能改变免疫者的最终规模。新媒体环境下，网络平均度的增加对两种舆情信息的竞争结果无明显影响，但两种舆情信息的竞争演化速度加快。因此，在新媒体环境下，舆情一旦

引发，便会迅速升级，这对政府舆情监测和预警提出了更高的要求。在新媒体时代，网络节点影响力呈现幂律分布的特点（李青和朱恒民，2012）。舆情管理者应对网络中的重要节点（如微博中的大 V 与意见领袖等）进行监测，如有必要则采取隔离、销号、删帖等措施，削减网络平均度，从而降低两种舆情信息的竞争演化速度。

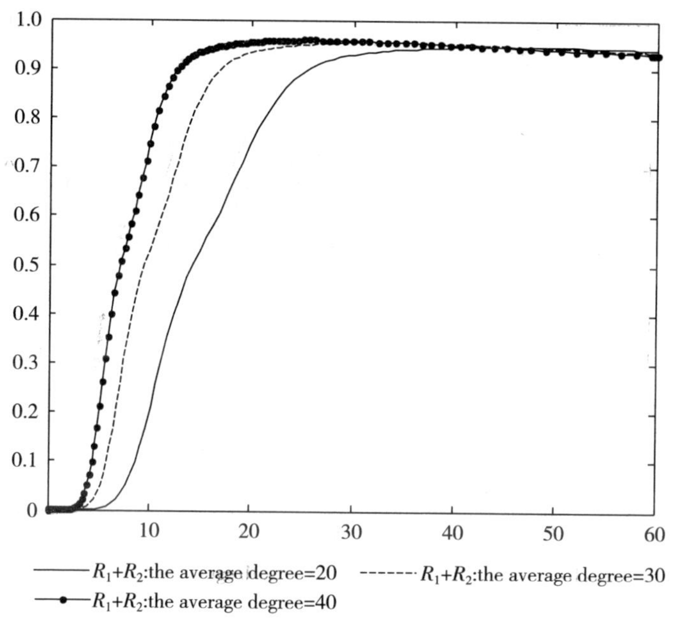

图 4 -7 情景 2 中免疫者的数量演化

资料来源：笔者自绘。

情景 3：参数 λ_1，λ_2，η_1，η_2 变动对模型结果的影响。

在情景 3 中，设定 $\lambda_1=\eta_1=\lambda_2=\eta_2=0.02$；$\lambda_1=\eta_1=\lambda_2=\eta_2=0.01$；$\lambda_1=\eta_1=\lambda_2=\eta_2=0.00$。对两种舆情信息的平等竞争采取抑制作用，即对 λ_1、λ_2、η_1、η_2 等转化概率采取抑制作用，观察其对各群体比例变化的影响，模型演化结果如图 4 -8 和图 4 -9 所示。

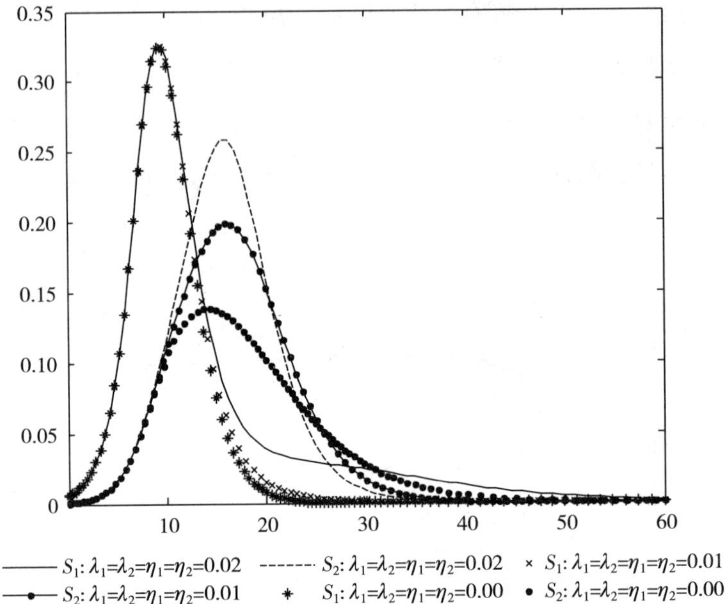

图 4-8　情景 3 中传播者 1 和传播者 2 的数量演化

资料来源：笔者自绘。

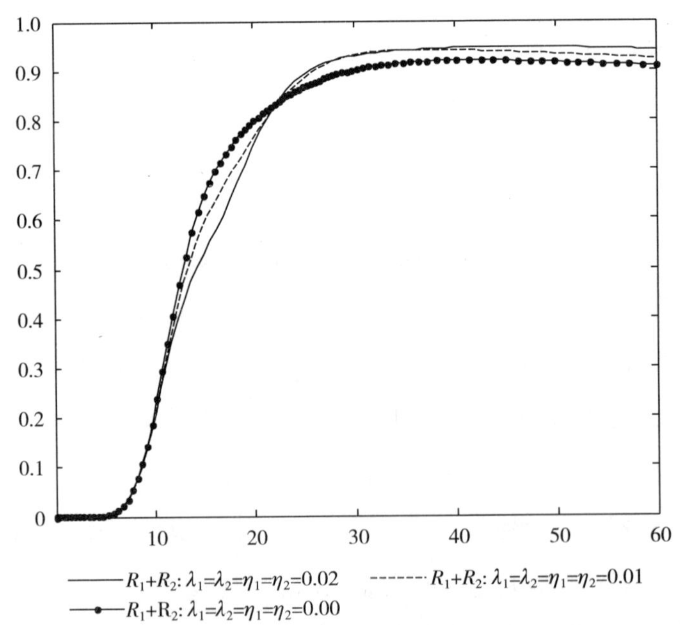

图 4-9　情景 3 中免疫者的数量演化

资料来源：笔者自绘。

由图4－8可知，随着参数λ_1、λ_2、η_1、η_2的降低，传播者1的数量增长速度及峰值无明显变化，而数量下降却更为迅速；传播者2的峰值会明显降低。由图4－9可知，参数λ_1、λ_2、η_1、η_2降低后导致免疫者(包括免疫者1和免疫者2)的最终规模减小，即对两种舆情信息的平等竞争作用削弱后，两种舆情信息的最终影响范围会减小。由此可见，政府对两种舆情信息间平等竞争作用的调控，能够有效地降低较晚出现的舆情信息的峰值，较早出现的舆情信息的竞争优势扩大，整体舆情态势得到缓解。因此，政府管理部门应该意识到自身调控的重要性，对于复杂多样的舆情信息，选择适当时机予以澄清。同时提升民众信息辨别能力，进而抑制不同舆情信息的平等竞争交互，从而在一定程度上削减舆情态势。

第五节　本章小结

在第三章研究了带有平等竞争地位的两种舆情信息动力学基础上，本章重点研究了带有平等竞争地位的两种舆情信息的演化规律。首先，分析了两种舆情信息演化过程中的群体状态划分及平等竞争框架。其次，借鉴传染病模型的构造思路，构建了两种舆情信息平等竞争的演化模型，并分析了模型的稳定点及其稳定性。最后，通过情景仿真探讨了平等竞争情况下两种舆情信息发布时间、新媒体环境下网络平均度增加及两种舆情信息间的平等竞争对两种舆情信息演化结果的影响。研究表明：①在两种舆情信息共同传播时，其出现时刻差距越大，则两种舆情信息交替演化更加显著，舆情态势更加难以把控；②新媒体环境下，人与人联系更加密切，表现为网络平均度提高，其结果是两种舆情信息间竞争演化速度加快；③两种舆情信息的平等竞争作用减弱时，较早出现的舆情信息竞争优势扩大，且整体舆情态势可以得到缓解。

第五章　新媒体环境下带有不平等竞争地位的两种舆情信息演化规律

第三章第三节中，本书建立了带有不平等竞争地位的两种舆情信息演化的动力学模型，并提出在舆情信息演化过程中，强势舆情信息始终占据主导地位，且传播周期更长，而弱势舆情信息传播周期短，且消退快。在此基础上，本章将进一步深入探究新媒体环境下带有不平等竞争地位的两种舆情信息演化规律。本章的研究结构安排如下：第一节首先根据个体对强势舆情信息与弱势舆情信息的反应对整个人群进行群体状态划分，进一步根据不同状态群体之间的状态转移关系，提出两种舆情信息的不平等竞争框架。第二节给出两种舆情信息不平等竞争演化模型的研究假设与相关符号说明，并借鉴第四章第二节带有平等竞争地位两种舆情信息演化模型的构造思路，进一步构建带有不平等竞争地位的两种舆情信息演化模型。第三节求解所构建模型的平衡点及其稳定性。第四节设置三种干预措施，并运用 Matlab 软件进行情景仿真，探讨不同干预措施对两种舆情信息不平等竞争演化结果的影响。第五节总结本章的研究成果。

第一节　两种舆情信息的群体状态划分及不平等竞争框架

重大突发事件发生后，由于事件本身错综复杂，往往会引发多种多样的舆情信息，这其中有关强势舆情信息与弱势舆情信息的交互传播问题已经越来越凸显。两种舆情信息共同推动舆情热度高涨，最终灾难起因类舆情信息占据舆论制高点。舆情传播过程中往往存在具有两种不同传播优势的舆情信息，而两种舆情信息的共同传播致使舆情态势更加令人难以捉摸，因而有必要实施政府干预作用。因此，探讨强势舆情信息与弱势舆情信息共同作用下的舆情演化规律，并掌握干预措施对舆情传播轨迹的影响，对政府制定舆情应急方案具有重要的理论意义和现实意义。

重大突发事件发生后，有关事件的舆情信息会逐步引发民众的关注，在重大突发事件下的强势舆情信息与弱势舆情信息传播过程中，群众类型可进一步细分为未知态、传播态1、传播态2、免疫态1、免疫态2。强势舆情信息与弱势舆情信息交互作用时，群体状态之间会存在一定的转移关系，具体表现为：①传播态1向传播态2转化或传播态2向传播态1转化；②免疫态1向传播态2转化或免疫态2向传播态1转化。两种舆情信息的不平等竞争框架如图5－1所示。

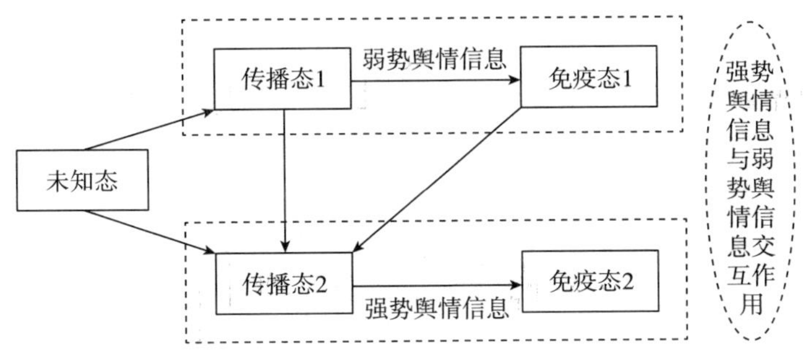

图5－1　两种舆情信息的不平等竞争框架

资料来源：笔者自绘。

第二节　带有不平等竞争地位的两种舆情信息演化模型

本章第一节分析了两种舆情信息演化过程中的群体状态划分及不平等竞争框架，本节将重点关注带有不平等竞争地位的两种舆情信息演化模型。首先基于传染病模型的构造思路，给出研究假设与相关符号说明，在此基础上，构建两种舆情信息不平等竞争的演化模型。

一、模型假设与相关符号说明

考虑到舆情传播过程的复杂性，本节给出如下假设：

假设1：重大突发事件发生后，舆情传播过程中引发了多种舆情信息共同传播，根据信息内容危害程度可以分为两种，即强势舆情信息与弱势舆情信息。

假设2：根据民众对于舆情信息的行为反应，将民众划分为以下群体类型：未知者、传播者1（弱势舆情信息传播者）、传播者2（强势舆情信息传播者）、免疫者1（弱势舆情信息免疫者）、免疫者2（强势舆情信息免疫者）。通过各群体占总人数的比例来刻画其各自人数变化，且未知者、传播者1、传播者2、免疫者1和免疫者2在时刻 t 的人数比例分别为 $I(t)$、$S_1(t)$、$S_2(t)$、$R_1(t)$ 和 $R_2(t)$，简记为 I、S_1、S_2、R_1 和 R_2，则 $I+S_1+S_2+R_1+R_2=1$。

假设3：强势舆情信息与弱势舆情信息的交互传播过程发生在开放的社会系统中，并设 c 和 g 分别表示受出生、病变和死亡等因素所影响的民众迁入率和迁出率，$c, g\in[0, 1]$。考虑到现实中政府干预下的舆情信息传播周期通常不会过长，因此不妨假设该周期内民众的迁入和迁出较为平稳（即该周期内不会出现重

大生育政策调整或其他严重影响民众生命安全的伤亡事故），从而社会系统总人数保持稳定，即 $c = g$（Wang 等，2014）。

二、模型构建

群体间的状态转移规则定义如下：未知者以一定的概率与传播者 1 和传播者 2 接触后，转化为传播者 1 和传播者 2。传播者 1 和传播者 2 均以一定的遗忘概率转化为免疫者 1 和免疫者 2，传播者 1（传播者 2）与免疫者 1（免疫者 2）接触，传播者 1（传播者 2）会转变为免疫者 1。由于强势舆情信息比弱势舆情信息更具吸引力，因此传播者 1 与传播者 2 接触时，传播者 1 以一定的概率转变为传播者 2，而免疫者 1 与传播者 2 接触后，以一定的概率转变为传播者 2。

重大突发事件的一个突出特点是舆情危机爆发后，由于舆情信息内容的敏感性，易引发民众关注，因而极易产生次生事件。在此情景下，政府干预行为显得尤为重要。政府干预行为主要指政府对各类群体间转化的影响，王治莹和李勇建（2017）根据单一舆情下的群体类型划分，提炼了政府干预作用。本节借鉴这一思路，提炼了强势舆情信息与弱势舆情信息不平等竞争下的政府干预作用，干预作用的影响主要包括未知者向传播者 1 转化、未知者向传播者 2 转化、传播者 1 向免疫者 1 转化、传播者 2 向免疫者 2 转化、传播者 1 向传播者 2 转化、免疫者 1 向传播者 2 转化。

因此，根据上述群体类型的划分，各类群体间的状态转移关系及政府的干预作用，并借鉴 SIR 传染病模型及第四章第二节带有平等竞争地位的两种舆情信息演化模型的构造思路，得到政府干预下的强势舆情信息与弱势舆情信息演化模型，如图 5－2 所示。

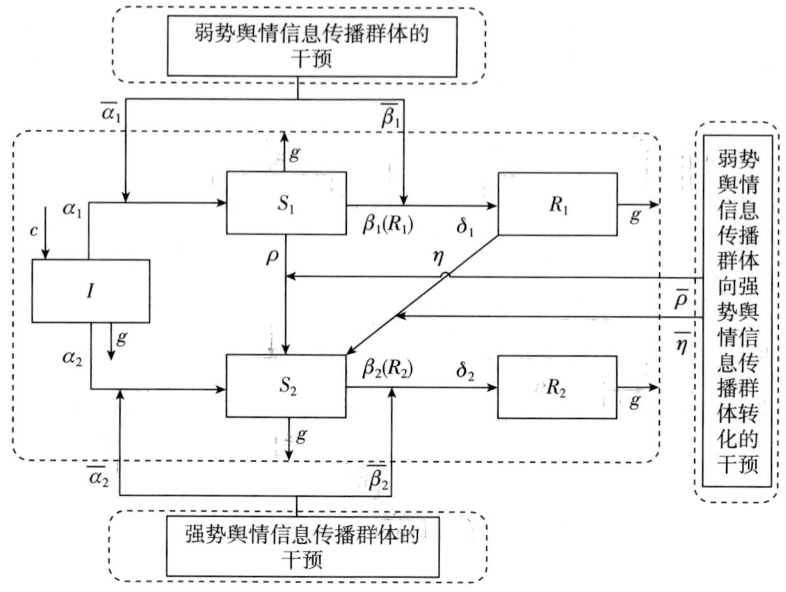

图 5-2 带有不平等竞争地位的两种舆情信息演化模型

资料来源：笔者自绘。

进而根据以上研究假设及不同群体间的状态转移规则，构建模型的微分方程组模型：

$$\begin{cases}\dfrac{dI}{dt}=c-(\alpha_1-\overline{\alpha_1})IS_1\overline{k}-(\alpha_2-\overline{\alpha_2})IS_2\overline{k}-gI\\[2ex]\dfrac{dS_1}{dt}=(\alpha_1-\overline{\alpha_1})IS_1\overline{k}-(\beta_1-\overline{\beta_1})S_1R_1\overline{k}-(\rho-\overline{\rho})S_1S_2\overline{k}-\delta_1S_1-gS_1\\[2ex]\dfrac{dS_2}{dt}=(\alpha_2-\overline{\alpha_2})IS_2\overline{k}-(\beta_2-\overline{\beta_2})S_2R_2\overline{k}-\delta_2S_2+(\rho-\overline{\rho})S_1S_2\overline{k}+(\eta-\overline{\eta})S_2R_1\overline{k}-gS_2\\[2ex]\dfrac{dR_1}{dt}=(\beta_1-\overline{\beta_1})S_1R_1\overline{k}-(\eta-\overline{\eta})S_2R_1\overline{k}+\delta_1S_1-gR_1\\[2ex]\dfrac{dR_2}{dt}=(\beta_2-\overline{\beta_2})S_2R_2\overline{k}+\delta_2S_2-gR_2\end{cases}$$

(5-1)

其中，dI/dt、dS_1/dt、dS_2/dt、dR_1/dt、dR_2/dt 分别表示未知者、传播者 1、

传播者 2、免疫者 1 和免疫者 2 的人数所占比例变化率；α_1 为未知者向传播者 1 的转化率；α_2 为未知者到传播者 2 的转化率；ρ 为传播者 1 向传播者 2 的转化率；β_1 为传播者 1 与免疫者 1 接触时向免疫者 1 的转化率；β_2 为传播者 2 与免疫者 2 接触向免疫者 2 的转化率；δ_1 为传播者 1 向免疫者 1 转化的遗忘率；δ_2 为传播者 2 向免疫者 2 转化的遗忘率；η 为免疫者 1 与传播者 2 接触时向传播者 2 的转化率；$\overline{k}$ 表示均匀网络的平均度；$\overline{\alpha_1}$、$\overline{\alpha_2}$、$\overline{\beta_1}$、$\overline{\beta_2}$、$\overline{\rho}$ 和 $\overline{\eta}$ 表示政府干预作用，即政府对未知者向传播者 1 转化、未知者向传播者 2 转化、传播者 1 向免疫者 1 转化、传播者 2 向免疫者 2 转化、传播者 1 向传播者 2 转化及免疫者 1 向传播者 2 转化的干预系数。以上转化率满足：α_1、α_2、β_1、β_2、ρ、η、δ_1、$\delta_2 \in [0, 1]$，$\overline{\alpha_1}$、$\overline{\alpha_2}$、$\overline{\beta_1}$、$\overline{\beta_2}$、$\overline{\rho}$、$\overline{\eta} \in [-1, 1]$。

进一步地，若令 $\alpha_1^* = \alpha_1 - \overline{\alpha_1}$，$\alpha_2^* = \alpha_2 - \overline{\alpha_2}$，$\beta_1^* = \beta_1 - \overline{\beta_1}$，$\beta_2^* = \beta_2 - \overline{\beta_2}$，$\rho^* = \rho - \overline{\rho}$，$\eta^* = \eta - \overline{\eta}$，则方程（5-1）可转化为：

$$
\begin{cases}
\dfrac{dI}{dt} = c - \alpha_1^* IS_1\overline{k} - \alpha_2^* IS_2\overline{k} - gI \\
\dfrac{dS_1}{dt} = \alpha_1^* IS_1\overline{k} - \beta_1^* S_1R_1\overline{k} - \rho^* S_1S_2\overline{k} - \delta_1 S_1 - gS_1 \\
\dfrac{dS_2}{dt} = \alpha_2^* IS_2\overline{k} - \beta_2^* S_2R_2\overline{k} - \delta_2 S_2 + \rho^* S_1S_2\overline{k} + \eta^* S_2R_1\overline{k} - gS_2 \\
\dfrac{dR_1}{dt} = \beta_1^* S_1R_1\overline{k} - \eta^* S_2R_1\overline{k} + \delta_1 S_1 - gR_1 \\
\dfrac{dR_2}{dt} = \beta_2^* S_2R_2\overline{k} + \delta_2 S_2 - gR_2
\end{cases}
\tag{5-2}
$$

第三节　模型性质分析

本章第二节构建了带有不平等竞争地位的两种舆情信息演化模型，在此基础上，本节重点关注模型的平衡点及其稳定性。

1. 平衡点求解

令方程（5－2）右端的各项为0，则可得：当 $c=g$，总存在 $E^0=(1,0,0,0,0)$，因此，若 $c=g$，模型存在唯一零传播平衡点 $E^0=(I^0,S_1^0,S_2^0,R_1^0,R_2^0)=(1,0,0,0,0)$。

2. 稳定性分析

定理1：若 $R_0\leqslant 1$，零传播平衡点 $E^0=(1,0,0,0,0)$ 是模型的全局渐进稳定点；若 $R_0>1$，零传播平衡点 $E^0=(1,0,0,0,0)$ 不稳定。

证明式（5－2）的雅克比矩阵为：

$$J=\begin{pmatrix} -\alpha_1^* S_1\overline{k}-\alpha_2^* S_2\overline{k}-g & -\alpha_1^*\overline{I}k & -\alpha_2^*\overline{I}k & 0 & 0 \\ \alpha_1^* S_1\overline{k} & a_{11} & -\rho^* S_1\overline{k} & -\beta_1^* S_1\overline{k} & 0 \\ \alpha_2^* S_2\overline{k} & \rho^* S_2\overline{k} & a_{22} & \eta^* S_2\overline{k} & -\beta_2^* S_2\overline{k} \\ 0 & \beta_1^* R_1\overline{k}+\delta_1 & -\eta^* R_1\overline{k} & a_{33} & 0 \\ 0 & 0 & \beta_2^* R_2\overline{k}+\delta_2 & 0 & \beta_2^* S_2\overline{k}-g \end{pmatrix} \tag{5-3}$$

其中，$a_{11}=\alpha_1^* I\,\overline{k}-\beta_1^* R_1\overline{k}-\delta_1-\rho^* S_2\overline{k}-g$，$a_{22}=\alpha_2^* I\,\overline{k}-\beta_2^* R_2\overline{k}-\delta_2+\rho^* S_1\overline{k}+\eta^* R_1\overline{k}-g$，$a_{33}=\beta_1^* S_1\overline{k}-\eta^* S_2\overline{k}-g$。将零传播平衡点 $E^0=(1,0,0,0,0)$ 代入式（5－3）得：

$$J(E^0)=\begin{pmatrix} -g & -\alpha_1^*\overline{k} & -\alpha_2^*\overline{k} & 0 & 0 \\ 0 & \alpha_1^*\overline{k}-\delta_1-g & 0 & 0 & 0 \\ 0 & 0 & \alpha_2^*\overline{k}-\delta_2-g & 0 & 0 \\ 0 & \delta_1 & 0 & -g & 0 \\ 0 & 0 & \delta_2 & 0 & -g \end{pmatrix} \tag{5-4}$$

同时，雅克比矩阵的特征方程为：

$$|J(E_0)-\lambda I|=\begin{pmatrix} -g-\lambda & -\alpha_1^*\overline{k} & -\alpha_2^*\overline{k} & 0 & 0 \\ 0 & \alpha_1^*\overline{k}-\delta_1-g-\lambda & 0 & 0 & 0 \\ 0 & 0 & \alpha_2^*\overline{k}-\delta_2-g-\lambda & 0 & 0 \\ 0 & \delta_1 & 0 & -g-\lambda & 0 \\ 0 & 0 & \delta_2 & 0 & -g-\lambda \end{pmatrix}$$

$$=(-\lambda-g)(-\lambda-g)(-\lambda-g)(\alpha_1^*\overline{k}-\delta_1-g-\lambda)(\alpha_2^*\overline{k}-\delta_2-g-\lambda) \tag{5-5}$$

根据 Samsuzzoha 等（2013），基本再生数 $R_0=\max\{\alpha_1^*\overline{k}/(\delta_1+g),\ \alpha_2^*\overline{k}/(\delta_2+g)\}$。

因此，根据 Hurwitz 判断准则（Al - Azzawi，2012），当 $R_0\leqslant 1$ 时，行列式的特征值都小于 0，模型在 E^0 处局部渐进稳定，而当 $R_0>1$ 时，模型在 E^0 处不稳定。

进一步地，证明零传播平衡点的全局渐进稳定性如下：

构造李雅普诺夫函数：$L(t)=aS_1+bS_2$。其中，$a=m\eta^*/(\delta_1+g)(\delta_2+g)$，$m$ 为足够大的整数，且满足 $m\eta^*\geqslant\beta_1^*$；$b=\beta_1^*/(\delta_1+g)(\delta_2+g)$。由此可得：

$$L'(t)=\frac{m\eta^*}{(\delta_1+g)(\delta_2+g)}(\alpha_1^*IS_1\overline{k}-\beta_1^*S_1R_1\overline{k}-\rho^*S_1S_2\overline{k}-\delta_1S_1-gS_1)+$$

$$\frac{\beta_1^*}{(\delta_1+g)(\delta_2+g)}(\alpha_2^*IS_2\overline{k}-\beta_2^*S_2R_2\overline{k}-\delta_2S_2+\rho^*S_1S_2\overline{k}+\eta^*S_2R_1\overline{k}-gS_2)$$

$$=\frac{m\eta^*}{(\delta_1+g)(\delta_2+g)}(\alpha_1^*IS_1\overline{k}-\beta_1^*S_1R_1\overline{k}-\delta_1S_1-gS_1)+$$

$$\frac{\beta_1^*}{(\delta_1+g)(\delta_2+g)}(\alpha_2^*IS_2\overline{k}-\beta_2^*S_2R_2\overline{k}-\delta_2S_2+\eta^*S_2R_1\overline{k}-gS_2)+$$

$$\frac{m\eta^*}{(\delta_1+g)(\delta_2+g)}(-\rho^*S_1S_2\overline{k})+\frac{\beta_1^*}{(\delta_1+g)(\delta_2+g)}(\rho^*S_1S_2\overline{k})$$

$$=\left[\frac{m\eta^*}{(\delta_2+g)}\left(\frac{\alpha_1^*IS_1\overline{k}}{\delta_1+g}-\frac{\delta_1S_1+gS_1}{\delta_1+g}\right)-\frac{m\eta^*\beta_1^*S_1R_1\overline{k}}{(\delta_1+g)(\delta_2+g)}\right]+$$

$$\left[\frac{\beta_1^*}{(\delta_1+g)}\left(\frac{\alpha_2^* IS_2\bar{k}}{\delta_2+g}-\frac{\delta_2 S_2+gS_2}{\delta_2+g}\right)+\frac{\beta_1^*\eta^* S_2R_1\bar{k}}{(\delta_1+g)(\delta_2+g)}-\frac{\beta_1^*\beta_2^* S_2R_2\bar{k}}{(\delta_1+g)(\delta_2+g)}\right]+$$

$$\left[\frac{-m\eta^*+\beta_1^*}{(\delta_1+g)(\delta_2+g)}\rho^* S_1S_2\bar{k}\right]\leqslant\left[\frac{m\eta^*}{(\delta_2+g)}\left(\frac{\alpha_1^* I\bar{k}}{\delta_1+g}-1\right)-\frac{m\eta^*\beta_1^* R_1\bar{k}}{(\delta_1+g)(\delta_2+g)}\right]+$$

$$\left[\frac{\beta_1^*}{(\delta_1+g)}\left(\frac{\alpha_2^* I\bar{k}}{\delta_2+g}-1\right)+\frac{\beta_1^*\eta^* R_1\bar{k}}{(\delta_1+g)(\delta_2+g)}-\frac{\beta_1^*\beta_2^* R_2\bar{k}}{(\delta_1+g)(\delta_2+g)}\right]+$$

$$\left[\frac{-m\eta^*+\beta_1^*}{(\delta_1+g)(\delta_2+g)}\rho^* S_1S_2\bar{k}\right]\leqslant\frac{m\eta^*}{(\delta_2+g)}\left(\frac{\alpha_1^*\bar{k}}{\delta_1+g}-1\right)+$$

$$\frac{-m\eta^*\beta_1^* R_1\bar{k}+\beta_1^*\eta^* R_1\bar{k}}{(\delta_1+g)(\delta_2+g)}+\frac{\beta_1^*}{(\delta_1+g)}\left(\frac{\alpha_2^*\bar{k}}{\delta_2+g}-1\right)-\frac{\beta_1^*\beta_2^* R_2\bar{k}}{(\delta_1+g)(\delta_2+g)}+$$

$$\frac{-m\eta^*+\beta_1^*}{(\delta_1+g)(\delta_2+g)}\rho^* S_1S_2\bar{k} \tag{5-6}$$

当$R_0\leqslant 1$时，$L'(t)\leqslant 0$，根据 Lasalle 不变准则（Lasalle，1976），可得零传播平衡点$E_0=(1,\ 0,\ 0,\ 0,\ 0)$是全局渐进稳定点。

由于强势舆情信息与弱势舆情信息的不平等竞争过程是这两种舆情信息趋于消亡的过程，即这两种舆情信息的传播者最终会消失，即$S_1(\infty)=0$，$S_2(\infty)=0$。在这种情况下，系统达到稳态时，存在的群体类型包括未知者、免疫者 1 和免疫者 2，此时两种免疫者的最终总数量为$R(\infty)=R_1(\infty)+R_2(\infty)$，可用于衡量这两种舆情信息的影响规模。事实上，Arino 等（2007）提出免疫者最终规模$R(\infty)=1-I(\infty)$，涉及的参数包括基本再生数和$n\times n$的矩阵V，同时根据 Dreessche 和 Watmough（2002）提出的V的计算中只涉及$S_1(t)$和$S_2(t)$，由此可得：

$$V=\begin{pmatrix}\delta_1+g & 0\\ 0 & \delta_2+g\end{pmatrix},\quad V^{-1}=\begin{pmatrix}\frac{1}{\delta_1+g} & 0\\ 0 & \frac{1}{\delta_2+g}\end{pmatrix} \tag{5-7}$$

借鉴 Arino 等（2007）提出的方法，未知者的最终规模为：

$$\ln\frac{I(0)}{I(\infty)}=R_0\frac{I(0)-I(\infty)}{I(0)}+(\alpha_1^*\bar{k},\ \alpha_2^*\bar{k})\begin{pmatrix}\frac{1}{\delta_1+g} & 0\\ 0 & \frac{1}{\delta_2+g}\end{pmatrix}\begin{pmatrix}S_1(0)\\ S_2(0)\end{pmatrix}$$

$$=R_0\frac{I(0)-I(\infty)}{I(0)}+\frac{\alpha_1^*\bar{k}}{\delta_1+g}S_1(0)+\frac{\alpha_2^*\bar{k}}{\delta_2+g}S_2(0) \qquad (5-8)$$

第四节　情景仿真分析

本章第二节构建了带有不平等竞争地位的两种舆情信息演化模型，并在第三节分析了演化模型的稳定性。在此基础上，本节将进一步运用 Matlab 软件求解上述微分方程组，并进行情景仿真，探究三种不同干预措施，即强势舆情信息传播群体的干预、弱势舆情信息传播群体的干预、弱势舆情信息传播群体向强势舆情信息传播群体干预对两种舆情信息不平等竞争演化结果的影响。

一、情景界定与相关参数取值说明

借鉴 Wang 等（2014）提出的 2SI2R 模型中的参数设置，将模型中各群体数量比例的初始值设置如下：$I(0)=0.994$，$S_1(0)=0.003$，$S_2(0)=0.003$，$R_1(0)=0$，$R_2(0)=0$，其他参数取值为：$\alpha_1=0.03$，$\alpha_2=0.04$，$\beta_1=\beta_2=0.02$，$\rho=\eta=0.03$，$\delta_1=\delta_2=0.02$，$c=g=0.001$，$\bar{k}=20$。基于此，将政府采取不干预措施的情形记为基础情景，并设三种干预措施：措施 1——弱势舆情信息传播群体的干预，体现在未知者向传播者 1 转化和传播者 1 向免疫者 1 转化的干预；措施 2——强势舆情信息传播群体的干预，体现在未知者向传播者 2 转化和传播者 2 向免疫者 2 转化的干预；措施 3——弱势舆情信息传播群体向强势舆情信息传播群体转化的干预，体现在传播者 1 向传播者 2 转化和免疫者 1 向传播者 2 转化的干预。

表 5-1　各情景中的参数设置

措施	情景	α_1	$\overline{\alpha_1}$	β_1	$\overline{\beta_1}$	α_2	$\overline{\alpha_2}$	β_2	$\overline{\beta_2}$	ρ	$\overline{\rho}$	η	$\overline{\eta}$
不干预	基础情景	0.03	0	0.02	0	0.04	0	0.02	0	0.03	0	0.03	0
措施 1	情景 1	0.03	0.01	0.02	-0.01	0.04	0	0.02	0	0.03	0	0.03	0
	情景 2	0.03	0.02	0.02	-0.02	0.04	0	0.02	0	0.03	0	0.03	0
措施 2	情景 3	0.03	0	0.02	0	0.04	0.01	0.02	-0.01	0.03	0	0.03	0
	情景 4	0.03	0	0.02	0	0.04	0.02	0.02	-0.02	0.03	0	0.03	0
措施 3	情景 5	0.03	0	0.02	0	0.04	0	0.02	0	0.03	0.01	0.03	0.01
	情景 6	0.03	0	0.02	0	0.04	0	0.02	0	0.03	0.02	0.03	0.02

资料来源：笔者整理。

在上述参数设置的前提下，政府未进行干预时的情形设为对照组，即基础情景。仿真思路包括以下三个方面：①研究弱势舆情信息传播群体的干预对系统演化均衡的影响，主要包括对未知者向传播者 1 的转化，传播者 1 向免疫者 1 的转化的干预；②研究强势舆情信息传播群体的干预对系统演化均衡的影响，主要包括对未知者向传播者 2 的转化，传播者 2 向免疫者 2 转化的干预；③研究弱势舆情信息传播群体向强势舆情信息传播群体转化的干预对系统演化均衡的影响，主要包括对传播者 1 向传播者 2 的转化，免疫者 1 向传播者 2 转化的干预。每种干预措施下设置两种不同情景，表示干预幅度分别为 0.01 和 0.02，如表 5-1 所示。仿真最终得到三种干预措施下的传播者 1 和传播者 2、免疫者 1 和免疫者 2 的数量变化情况。

二、仿真分析与政策建议

基础情景：如图 5-3 可知，在基础情景中未知者数量下降的同时，传播者 2（强势舆情信息传播者）与传播者 1（弱势舆情传播者）数量开始增加，但由于强势舆情信息更具吸引力，因此传播者 2 数量增加更快，最终峰值也更高，而传播者 1 数量维持在较低水平；在传播者 2 数量达到峰值之后，免疫者 2 的数量开

始迅速增加，并达到稳定，而免疫者 1 数量一直维持在较低水平。以上仿真结果同样符合实际情况。

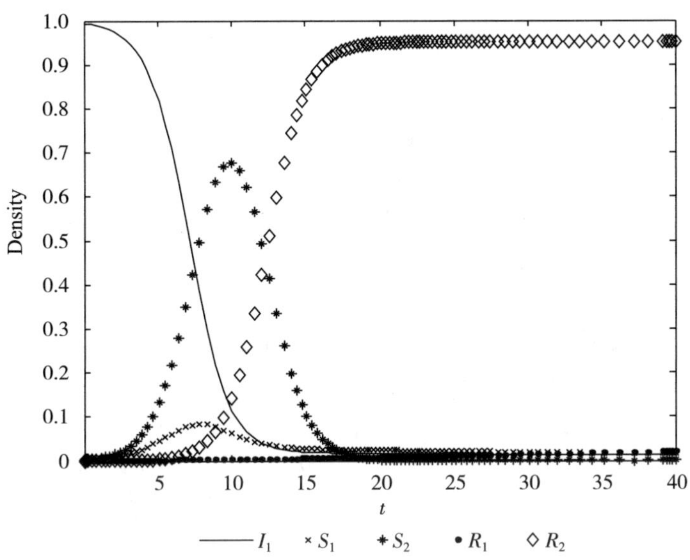

图 5 –3　无干预措施下各群体的数量变化情况

资料来源：笔者自绘。

干预措施 1：由图 5 –4 可知，与无政府干预情形的基础情景相比，弱势舆情信息传播群体的干预改变了传播者 1 所占比例的演化轨迹，传播者 1 所占比例在演化过程中的峰值显著降低，而传播者 2 所占比例的演化轨迹并没有明显变化。由图 5 –5 可知，弱势舆情信息传播群体的干预对免疫者 1 与免疫者 2 的最终规模没有明显影响，即弱势舆情信息与强势舆情信息的影响范围并未有明显变化。由此可知，对弱势舆情信息传播群体的干预会导致弱势舆情信息的传播大幅削减，而对强势舆情信息的传播并无明显影响。总之，弱势舆情信息传播群体的干预对舆情态势发展的影响微乎其微。

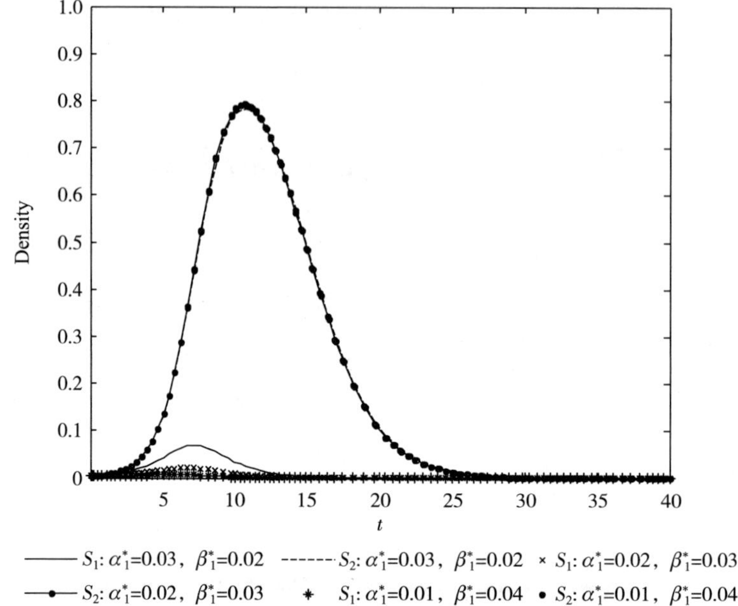

图 5-4　干预措施 1 对传播者数量变化的影响

资料来源：笔者自绘。

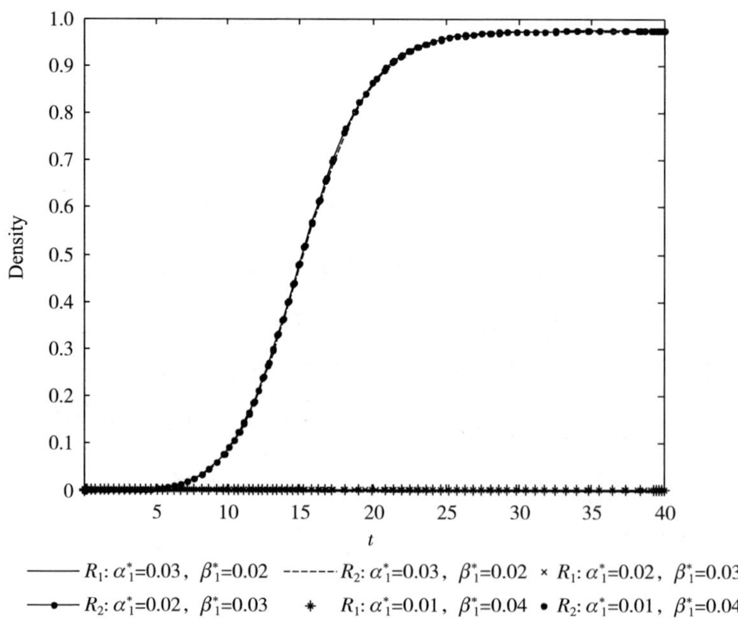

图 5-5　干预措施 1 对免疫者数量变化的影响

资料来源：笔者自绘。

干预措施2：由图5－6可知，与无政府干预情形的基础情景相比，强势舆情信息传播中的干预改变了传播者1与传播者2所占比例的演化轨迹。主要表现为传播者2数量变化过程中，其峰值较大幅度降低，且峰值来临时刻延后；传播者1所占比例在变化过程中，其峰值大幅度上升，且峰值来临时刻延后。由图5－7可知，强势舆情信息传播群体的干预能够有效降低免疫者2的最终规模，免疫者1的最终规模有所上升。这说明对强势舆情信息传播的干预，使得弱势舆情信息的传播量增加，从而弱势舆情信息影响范围会增加，强势舆情信息的传播量得到削减，强势舆情信息的影响范围最终会减少。因此舆情传播的整体态势朝着更加有利可控的方向发展。

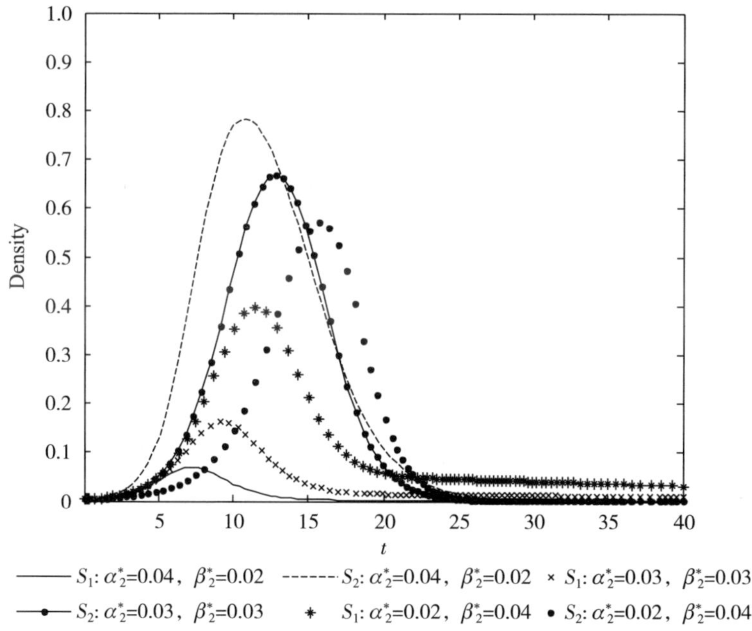

图5－6　干预措施2对传播者数量变化的影响

资料来源：笔者自绘。

干预措施3：由图5－8可知，弱势舆情信息传播群体向强势舆情信息传播群体转化的干预与干预措施2的效果类似，但干预效果较弱。主要表现为传播者2所

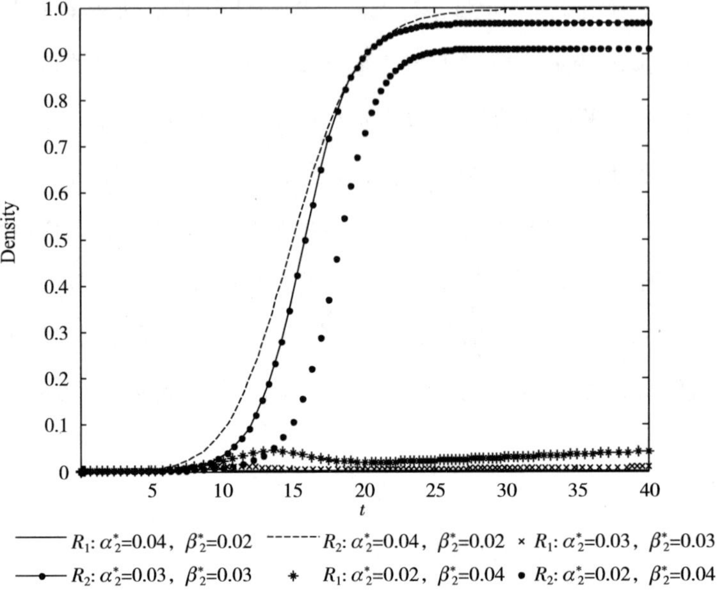

图5－7　干预措施2对免疫者数量变化的影响

资料来源：笔者自绘。

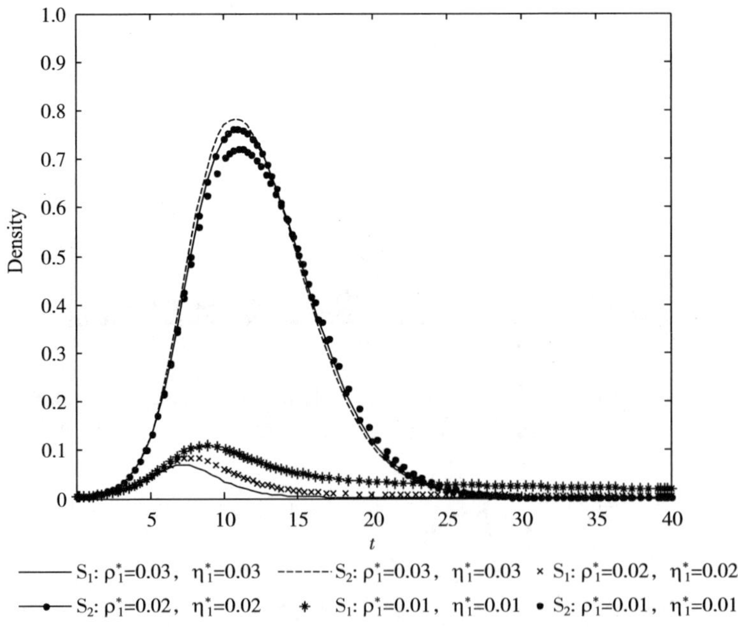

图5－8　干预措施3对传播者数量变化的影响

资料来源：笔者自绘。

占比例在演化过程中，其峰值在一定程度上降低，但峰值来临时刻并未发生变化；传播者1所占比例在演化过程中，其峰值略有上升，且峰值来临时刻略有延后。由图5－9可知，弱势舆情信息传播群体向强势舆情信息传播群体转化的干预能够有效降低免疫者2的最终规模，而免疫者1的最终规模略有上升。这说明弱势舆情信息传播群体向强势舆情信息传播群体转化的干预，使得强势舆情信息的传播量削减，即其影响范围得到削减，而弱势舆情信息的传播量增加，最终弱势舆情信息影响范围有所增加。总之，采取干预措施后舆情传播整体态势得到缓解。

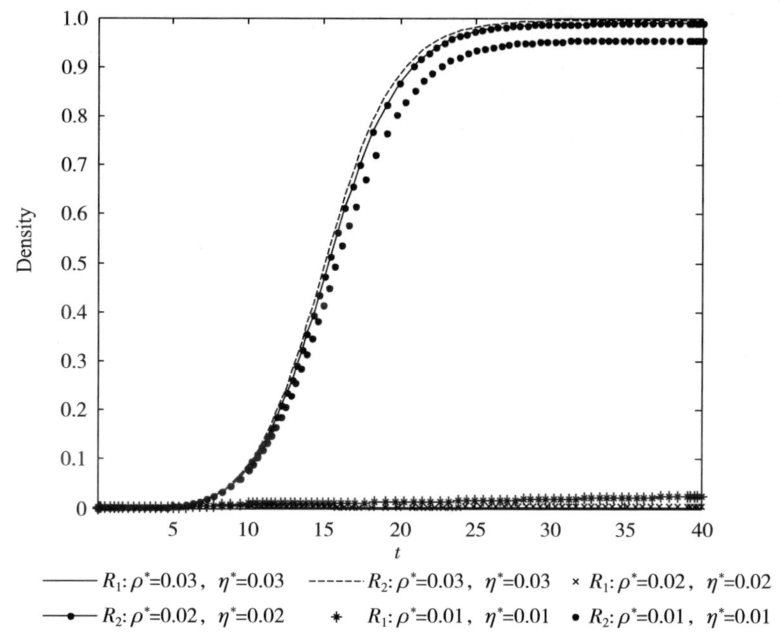

图5－9　干预措施3对免疫者数量变化的影响

资料来源：笔者自绘。

第五节　本章小结

在第三章研究了带有不平等竞争地位的两种舆情信息动力学及第四章研究带

有平等竞争地位的两种舆情信息演化规律的基础上，本章重点研究了带有不平等竞争地位的两种舆情信息的演化规律。首先，分析了两种舆情信息演化过程中的群体状态划分及不平等竞争框架。其次，借鉴传染病模型及第四章带有平等竞争地位的两种舆情信息演化模型的构造思路，构建了两种舆情信息不平等竞争的演化模型，进而分析了模型的稳定点及其稳定性。最后，通过情景仿真探讨了三种干预措施，即强势舆情信息传播群体的干预、弱势舆情信息传播群体的干预、弱势舆情信息传播群体向强势舆情信息传播群体的干预对两种舆情信息不平等竞争演化结果的影响。研究结果表明：对于各群体数量演化影响的显著性而言，对强势舆情信息传播群体进行干预的决策最优，对弱势舆情信息传播群体向强势舆情信息传播群体转化进行干预的决策次之，对弱势舆情信息传播群体进行干预的决策较差。因此，政府在应急方案制定时，应重点关注以下两点：第一，如何降低传播者尤其是强势舆情信息传播者的数量，具体表现为传播者在舆情演化过程中的峰值及峰值的来临时刻，以期为干预方案的实施抢得时间；第二，如何显著降低两种舆情信息尤其是强势舆情信息的影响规模。

第六章　带有竞争地位的两种舆情信息演化规律的干预决策

本书第三章从多案例研究入手，重点关注了新媒体环境下两种舆情信息的竞争地位及其动力学，并提出了两种舆情信息间的竞争地位包括平等竞争与不平等竞争。在此基础上，第四章着重研究了新媒体环境下带有平等竞争地位的两种舆情信息演化规律。进一步地，第五章重点探究了新媒体环境下带有不平等竞争地位的两种舆情信息演化规律。综合来看，无论是两种舆情信息竞争地位界定及动力学分析相关的研究（第三章）还是演进规律的相关的研究（第四章和第五章）都构成了舆情演化过程中干预决策研究的基础。为此，本章将重点关注和研究带有竞争地位的两种舆情信息演化规律的干预决策。

综上，将本章的研究结构安排如下：第一节在新媒体环境下带有竞争地位的两种舆情信息演化规律基础上提出本章的干预决策问题，进一步根据两种舆情信息与干预信息间的竞争关系，给出带有竞争地位的两种舆情信息演化规律的干预框架。第二节借鉴第二章第四节所介绍的 Lotka - Volterra 竞争模型的构造思路，构建干预决策模型。第三节求解干预决策模型的平衡点及其稳定性条件。第四节设置四种情景，并运用 Matlab 软件进行情景仿真，验证干预决策模型的演化结果，并分析干预信息竞争系数对两种舆情信息与干预信息竞争演化结果的影响。第五节是本章的研究总结。

第一节　带有竞争地位的干预问题描述

考虑到新媒体环境下舆情信息演化过程的复杂性，干预决策有效制定是应急响应的重要环节之一。为此，本节首先分析干预决策问题，进而给出带有竞争地位的两种舆情信息演化规律的干预框架，为构建干预决策模型奠定基础。

正如第二章第一节所述，本书所研究的舆情信息是指舆情本体，而舆情本体是舆情内容本身，包括社会公众的情绪、意愿、态度、意见等。相比之下，干预信息通常指有关部门通过官方媒体对舆情信息做出的澄清和反馈（姜景等，2015）。在新媒体技术日益发展所提供的双向沟通渠道时代背景下，一些激进或不法分子往往会在突发事件爆发后的短时间内制造并传播多种舆情信息。例如，2014 年马航 MH370 客机失联事件中的“MH370 很可能被劫机”与“MH370 很可能遭遇恐怖主义爆炸袭击”等舆情信息；2011 年日本核泄漏事件中的“核泄漏污染海水”和“碘盐能预防核辐射”等舆情信息；2017 年 WannaCry 勒索病毒事件中的“勒索病毒作者良心发现并公布了解毒密钥”及“通过两次加密可以解密被加密文件”等舆情信息，短时间内助长了社会风险和考验了管理者的响应能力。因此研究管理者如何采取有效的干预措施，对于多种共存舆情信息的有效管理和预防次生/衍生事件的发生具有重要的理论和现实意义。

鉴于发布干预信息是政府及官方媒体为应对舆情危机的迅速蔓延而采取的最为常用的干预手段之一，本书选择研究干预信息的发布对新媒体环境下两种舆情信息竞争演化结果的影响。因此，为了降低研究问题的复杂性及考虑到大众有限的关注度和舆情信息热度，假设不考虑来源渠道的影响，并可按舆情信息内容的关联性将多种舆情信息聚类为具有代表性的两种互为竞争的舆情信息（即舆情信息 1 和舆情信息 2）。基于本书第三章的多案例研究可知，两种竞争性舆情信息间的竞争地位包括平等竞争和不平等竞争。在两种舆情信息共存时间段内，考虑

这两种舆情信息具有共同的竞争对手：干预信息，即舆情信息 1、舆情信息 2 和干预信息三者间相互竞争大众空间。综上所述，本章研究的问题是：带有竞争地位的两种舆情信息和干预信息共存并相互竞争的情景下，舆论生态系统的演化具有何种稳态结果和稳定性条件，对干预机制的设计具有哪些关键性启示。

假设 $x_1(t)$、$x_2(t)$ 和 $x_3(t)$ 分别表示舆情信息 1、舆情信息 2 和干预信息在 t 时刻时从大众空间中争取到的支持者数量；r_1、r_2 和 r_3 分别表示舆情信息 1、舆情信息 2 和干预信息的支持者数量的增长率；K_1、K_2 和 K_3 分别表示舆情信息 1、舆情信息 2 和干预信息所能够争取到的支持者数量的上限值。由于前文假设舆情信息 1、舆情信息 2 和干预信息在某一时间段内共存且三者间互为竞争关系，因此大众个体在同一时刻仅会选择支持三者之一。如在某一时刻下，若某大众个体选择支持舆情信息 1，则其就会拒绝支持舆情信息 2 和干预信息。但在不同时刻，大众个体对舆情信息 1、舆情信息 2 和干预信息的支持行为可以自由选择。为方便表述，给出这三种信息间的相互竞争关系，如图 6－1 所示。其中，$\delta_{ij}(i, j=1, 2, 3)$表示不同信息间对于大众空间的两两竞争系数，即对于大众空间而言，信息 i 对信息 j 的竞争系数。在此以 $\delta_{ij}(i, j=1, 2)$的大小来表征两种舆情信息间不同的竞争地位：舆情信息 1 和舆情信息 2 平等竞争，则 $\delta_{12}=\delta_{21}$；舆情信息 1 和舆情信息 2 不平等竞争，则 $\delta_{12}\neq\delta_{21}$。

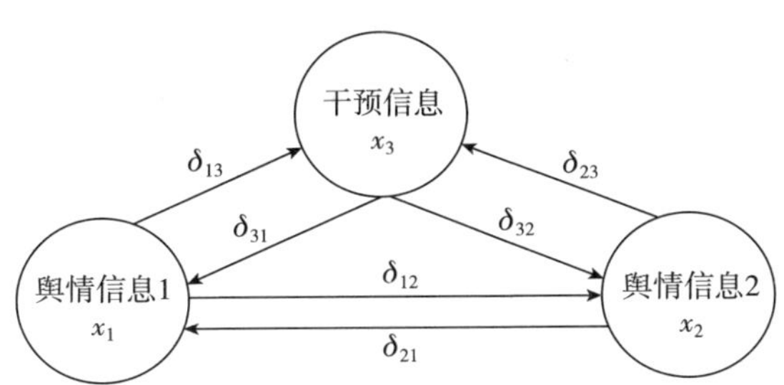

图 6－1　带有竞争地位的两种舆情信息演化规律的干预框架

资料来源：笔者自绘。

第二节　干预决策模型

本章第一节提出了带有竞争地位的干预问题，并给出干预框架，本节将重点关注带有竞争地位的两种舆情信息演化规律的干预决策模型，首先给出研究假设与相关符号说明，在此基础上，借鉴 Lotka - Volterra 竞争模型的构造思路，构建干预决策模型。

在图 6 - 1 中，对于舆情信息 1，如果舆论生态系统中不存在舆情信息 2 和干预信息，即不存在与舆情信息 1 竞争大众空间的其他信息时，那么舆情信息 1 支持者数量的增加与生态学中单一种群发病人数的增加规律类似，满足 Logistic 增长模型（Pinheiro，2018），即

$dx_1/dt = r_1 x_1 (1 - x_1/K_1)$

其中：$1 - x_1/K_1$ 表示当舆情信息 1 的支持者数量达到一定数量时，其会对自身达到增长数量的上限产生抑制作用。相比之下，若舆论生态系统中除了存在舆情信息 1，还存在舆情信息 2 和干预信息（三者间的相互竞争关系如图 6 - 1 所示），则该情景下舆情信息 1 支持者数量的增加不仅受自身数量的抑制，还受舆情信息 2 和干预信息对其竞争作用的抑制，从而$(1 - x_1/K_1)$改进为$(1 - x_1/K_1 - \delta_{21}x_2/K_2 - \delta_{31}x_3/K_3)$。因此，舆情信息 1 支持者数量增长模型为：

$$\frac{dx_1}{dt} = r_1 x_1 \left(1 - \frac{x_1}{K_1} - \delta_{21}\frac{x_2}{K_2} - \delta_{31}\frac{x_3}{K_3}\right) \quad (6-1)$$

同理，舆情信息 2 支持者数量增长模型为：

$$\frac{dx_2}{dt} = r_2 x_2 \left(1 - \frac{x_2}{K_2} - \delta_{12}\frac{x_1}{K_1} - \delta_{32}\frac{x_3}{K_3}\right) \quad (6-2)$$

干预信息支持者数量增长模型为：

$$\frac{dx_3}{dt} = r_3 x_3 \left(1 - \frac{x_3}{K_3} - \delta_{13}\frac{x_1}{K_1} - \delta_{23}\frac{x_2}{K_2}\right) \quad (6-3)$$

综合式（6－1）、式（6－2）和式（6－3），可得舆情信息 1、舆情信息 2 和干预信息的相互竞争模型，即：

$$
\begin{cases}
\dfrac{dx_1}{dt}=r_1x_1\left(1-\dfrac{x_1}{K_1}-\delta_{21}\dfrac{x_2}{K_2}-\delta_{31}\dfrac{x_3}{K_3}\right)\\
\dfrac{dx_2}{dt}=r_2x_2\left(1-\dfrac{x_2}{K_2}-\delta_{12}\dfrac{x_1}{K_1}-\delta_{32}\dfrac{x_3}{K_3}\right)\\
\dfrac{dx_3}{dt}=r_3x_3\left(1-\dfrac{x_3}{K_3}-\delta_{13}\dfrac{x_1}{K_1}-\delta_{23}\dfrac{x_2}{K_2}\right)\\
x_1(t)\big|_{t=t_0}=x_1(0),\ x_2(t)\big|_{t=t_0}=x_2(0),\ x_3(t)\big|_{t=t_0}=x_3(0)
\end{cases}
\tag{6－4}
$$

第三节　模型性质分析

本章第二节构建了带有竞争地位的两种舆情信息演化规律的干预决策模型，在此基础上，本节将重点研究干预决策模型的平衡点及其稳定性和稳定条件。

一、平衡点求解

为了研究政府及官方媒体发布的干预信息对两种舆情信息竞争演化结果的影响，需要明晰舆情信息 1、舆情信息 2 和干预信息间相互持续性的竞争结果，即当$t\to\infty$时，$x_1(t)$、$x_2(t)$和$x_3(t)$有变动趋势。为此，需要研究上述两种舆情信息演化规律的干预决策模型的平衡点及其稳定性，借鉴 Zhang 等（2014）提出的 Lotka－Volterra 竞争模型的构造思路，并结合微分方程组（6－4）可给出以下方程组：

$$\begin{cases} f(x_1, x_2, x_3) \equiv r_1 x_1\left(1 - \dfrac{x_1}{K_1} - \delta_{21}\dfrac{x_2}{K_2} - \delta_{31}\dfrac{x_3}{K_3}\right) = 0 \\ g(x_1, x_2, x_3) \equiv r_2 x_2\left(1 - \dfrac{x_2}{K_2} - \delta_{12}\dfrac{x_1}{K_1} - \delta_{32}\dfrac{x_3}{K_3}\right) = 0 \\ h(x_1, x_2, x_3) \equiv r_3 x_3\left(1 - \dfrac{x_3}{K_3} - \delta_{13}\dfrac{x_1}{K_1} - \delta_{23}\dfrac{x_2}{K_2}\right) = 0 \end{cases} \tag{6-5}$$

通过对方程组（6-5）进行求解，可得八个平衡点，即：$P_0(0, 0, 0)$，$P_1(K_1, 0, 0)$，$P_2(0, K_2, 0)$，$P_3(0, 0, K_3)$，$P_4\left(0, K_2\dfrac{1-\delta_{32}}{1-\delta_{23}\delta_{32}}, K_2\dfrac{1-\delta_{23}}{1-\delta_{23}\delta_{32}}\right)$，$P_5\left(K_1\dfrac{1-\delta_{31}}{1-\delta_{13}\delta_{31}}, 0, K_3\dfrac{1-\delta_{13}}{1-\delta_{13}\delta_{31}}\right)$，$P_6\left(K_1\dfrac{1-\delta_{21}}{1-\delta_{12}\delta_{21}}, K_2\dfrac{1-\delta_{12}}{1-\delta_{12}\delta_{21}}, 0\right)$，$P_7\left(K_1\dfrac{1-\delta_{21}+(\delta_{21}\delta_{32}-\delta_{31})\dfrac{\Delta}{K_3}}{1-\delta_{12}\delta_{21}}, K_2\dfrac{1-\delta_{12}+(\delta_{12}\delta_{31}-\delta_{32})\dfrac{\Delta}{K_3}}{1-\delta_{12}\delta_{21}}, \Delta\right)$，其中，$\Delta = K_3\dfrac{1-\delta_{12}\delta_{21}+\delta_{13}(\delta_{21}-1)+\delta_{23}(\delta_{12}-1)}{1-\delta_{12}\delta_{21}+\delta_{13}(\delta_{21}\delta_{32}-\delta_{31})+\delta_{23}(\delta_{12}\delta_{31}-\delta_{32})}$。

二、稳定性分析

上述零传播平衡点 P_0 表示舆情信息 1、舆情信息 2 和干预信息的支持者数量均为 0，表征了舆论生态系统的初始状态，考虑到舆情信息的制造者和干预信息的发布者即为各自的支持者，同时结合王进良和张令元（1995）提出的稳定性分析方法可知，该平衡点为不稳定点。非零传播平衡点 P_i，$i=1, 2, \cdots, 7$ 表示舆情信息 1、舆情信息 2 和干预信息的支持者数量不全为 0，表征了舆论生态系统演化过程中的结果状态，其稳定性判定需要建立以下雅克比矩阵 A：

$$A = \begin{bmatrix} f_{x_1} & f_{x_2} & f_{x_3} \\ g_{x_1} & g_{x_2} & g_{x_3} \\ h_{x_1} & h_{x_2} & h_{x_3} \end{bmatrix}$$

$$
=\begin{bmatrix} r_1\left(1-\frac{2x_1}{K_1}-\delta_{21}\frac{x_2}{K_2}-\delta_{31}\frac{x_3}{K_3}\right) & -\frac{r_1\delta_{21}x_1}{K_2} & -\frac{r_1\delta_{31}x_1}{K_3} \\ -\frac{r_2\delta_{12}x_2}{K_1} & r_2\left(1-\frac{2x_2}{K_2}-\delta_{12}\frac{x_1}{K_1}-\delta_{32}\frac{x_3}{K_3}\right) & -\frac{r_2\delta_{32}x_2}{K_3} \\ -\frac{r_3\delta_{13}x_3}{K_1} & -\frac{r_3\delta_{23}x_3}{K_2} & r_3\left(1-\frac{2x_3}{K_3}-\delta_{13}\frac{x_1}{K_1}-\delta_{23}\frac{x_2}{K_2}\right) \end{bmatrix} \tag{6-6}
$$

根据雅克比矩阵 A，通过计算 $p=-(f_{x_1}+g_{x_2}+h_{x_3})|_{P_i}$ 和 $q=\det A|_{P_i}$，$i=1$，2，…，7 的取值（当 $p<0$ 且 $q>0$ 时，平衡点为稳定点（兰月新等，2017）），可得以上 7 个非零传播平衡点的稳定性条件，如表 6－1 所示。

表 6－1 系统演化过程中的平衡点及其稳定性条件

平衡点	稳定性条件
$P_1\ (K_1,\ 0,\ 0)$	$\delta_{12}>1$，$\delta_{13}>1$ 其他 δ_{ij} 均小于 1
$P_2\ (0,\ K_2,\ 0)$	$\delta_{21}>1$，$\delta_{23}>1$ 其他 δ_{ij} 均小于 1
$P_3\ (0,\ 0,\ K_3)$	$\delta_{31}>1$，$\delta_{32}>1$ 其他 δ_{ij} 均小于 1
$P_4\left(0,\ K_2\frac{1-\delta_{32}}{1-\delta_{23}\delta_{32}},\ K_2\frac{1-\delta_{23}}{1-\delta_{23}\delta_{32}}\right)$	δ_{12}，δ_{13}，δ_{23}，$\delta_{32}<1$ $1+\delta_{32}<\delta_{21}+\delta_{31}$
$P_5\left(K_1\frac{1-\delta_{31}}{1-\delta_{13}\delta_{31}},\ 0,\ K_3\frac{1-\delta_{13}}{1-\delta_{13}\delta_{31}}\right)$	δ_{13}，δ_{31}，δ_{21}，$\delta_{23}<1$ $1+\delta_{13}<\delta_{12}+\delta_{32}$
$P_6\left(K_1\frac{1-\delta_{21}}{1-\delta_{12}\delta_{21}},\ K_2\frac{1-\delta_{12}}{1-\delta_{12}\delta_{21}},\ 0\right)$	δ_{12}，δ_{21}，δ_{31}，$\delta_{32}<1$ $1+\delta_{21}<\delta_{13}+\delta_{23}$
$P_7\left(K_1\frac{1-\delta_{21}+(\delta_{21}\delta_{32}-\delta_{31})\frac{\Delta}{K_3}}{1-\delta_{12}\delta_{21}},\ K_2\frac{1-\delta_{12}+(\delta_{12}\delta_{31}-\delta_{32})\frac{\Delta}{K_3}}{1-\delta_{12}\delta_{21}},\ \Delta\right)$	$0<\delta_{ij}<1$，$(i,\ j=1,\ 2,\ 3)$ $1+\delta_{32}>\delta_{21}+\delta_{31}$ $1+\delta_{13}>\delta_{12}+\delta_{32}$ $1+\delta_{21}>\delta_{13}+\delta_{23}$

资料来源：笔者整理。

由表 6－1 可知，舆论生态系统演化过程中的结果状态可以划分为三种：①两种舆情信息的支持者数量均为零，干预信息的支持者数量为非零值，记为情景 1（干预信息胜利，舆情信息消灭）；②两种舆情信息的支持者数量部分或全不为零，干预信息的支持者数量为非零值，记为情景 2（干预信息部分胜利，干预信息和舆情信息共存）；③两种舆情信息的支持者数量部分或全不为零，干预信息的支持者数量为零，记为情景 3（干预信息失败，只存在舆情信息），具体如表 6－2 所示。

表 6－2　系统演化结果及其对应的平衡点

系统演化结果	平衡点
情景 1：干预信息胜利，舆情信息消灭	$P_3\ (0,\ 0,\ K_3)$
情景 2：干预信息部分胜利，干预信息和舆情信息共存	$P_4\left(0,\ K_2\frac{1-\delta_{32}}{1-\delta_{23}\delta_{32}},\ K_2\frac{1-\delta_{23}}{1-\delta_{23}\delta_{32}}\right)$ $P_5\left(K_1\frac{1-\delta_{31}}{1-\delta_{13}\delta_{31}},\ 0,\ K_3\frac{1-\delta_{13}}{1-\delta_{13}\delta_{31}}\right)$ $P_7\left(K_1\frac{1-\delta_{21}+(\delta_{21}\delta_{32}-\delta_{31})\frac{\Delta}{K_3}}{1-\delta_{12}\delta_{21}},\ K_2\frac{1-\delta_{12}+(\delta_{12}\delta_{31}-\delta_{32})\frac{\Delta}{K_3}}{1-\delta_{12}\delta_{21}},\ \Delta\right)$
情景 3：干预信息失败，只存在舆情信息	$P_1\ (K_1,\ 0,\ 0)$ $P_2\ (0,\ K_2,\ 0)$ $P_6\left(K_1\frac{1-\delta_{21}}{1-\delta_{12}\delta_{21}},\ K_2\frac{1-\delta_{12}}{1-\delta_{12}\delta_{21}},\ 0\right)$

资料来源：笔者整理。

第四节　情景仿真分析

本章第二节构建了带有竞争地位的两种舆情信息演化规律的干预决策模型，

并在第三节分析了干预决策模型的平衡点及其稳定性和稳定条件。为了更加形象地说明干预信息和两种舆情信息的相互竞争关系和舆论生态系统的演化规律，以及研究系统演化因素对演化结果的影响，本节基于表 6－2 中的系统演化结果及其所对应平衡点的稳定性条件，借助 Matlab 软件进行仿真分析。需要说明的是，考虑到现实中舆情信息早于干预信息出现，因此就传播初期支持者数量增长率而言，设置两种舆情信息均大于干预信息。

情景 1：干预信息胜利，舆情信息消灭。

该情景下的干预信息取得完全胜利，即在干预信息和两种舆情信息的相互竞争之下，最终干预信息的支持者数量趋于上限，舆情信息 1 和舆情信息 2 的支持者数量趋近于零，这是干预决策模型和决策者所期望的最理想结果。通过设置模型参数取值（见表 6－3），可得仿真结果如图 6－2、图 6－3 所示。表 6－3 中参数取值依据为：鉴于现实中舆情信息一般早于干预信息出现，不妨假设舆情信息 1 出现最早，舆情信息 2 次之，干预信息出现最晚，因此设置三者在传播初期支持者数量的初值和增长率均依次递减；考虑到信息内容的吸引力差异，设置三者支持者数量的上限依次递增；根据表 6－2 中情景 1 对应的平衡点 P_3 及表 6－1 中 P_3 的稳定性条件（$\delta_{31}>1$，$\delta_{32}>1$，其他 δ_{ij} 均小于 1），给出三者间的竞争系数取值。

表 6－3　情景 1 的仿真参数设置

信息类型	舆情信息 1	舆情信息 2	干预信息
初值	$x_{10}=5$	$x_{20}=3$	$x_{30}=2$
上限	$K_1=300$	$K_2=400$	$K_3=500$
增长率	$r_1=3$	$r_2=2$	$r_3=1$
平等竞争系数组 1	$\delta_{12}=0.6$，$\delta_{13}=0.2$	$\delta_{21}=0.6$，$\delta_{23}=0.4$	$\delta_{31}=1.9$，$\delta_{32}=1.5$
不平等竞争系数组 2	$\delta_{12}=0.1$，$\delta_{13}=0.2$	$\delta_{21}=0.6$，$\delta_{23}=0.4$	$\delta_{31}=1.9$，$\delta_{32}=1.5$

资料来源：笔者整理。

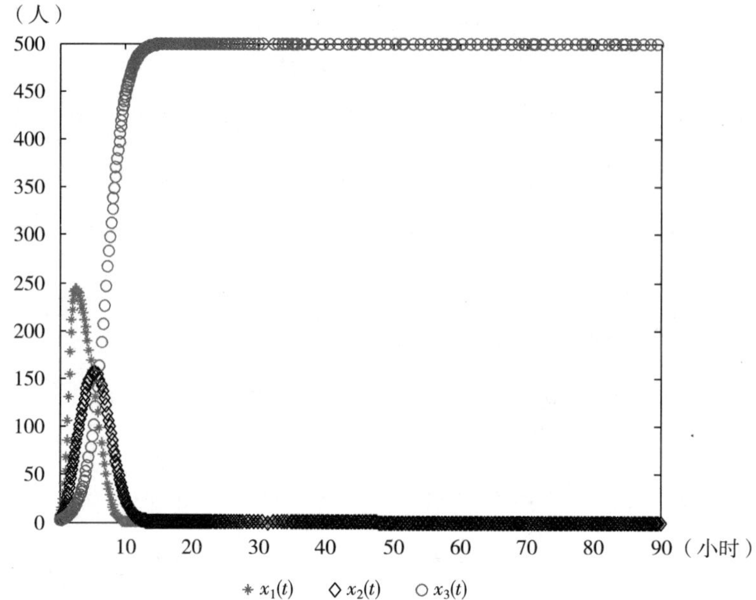

图6-2　情景1平等竞争系数组1下仿真结果

资料来源：笔者自绘。

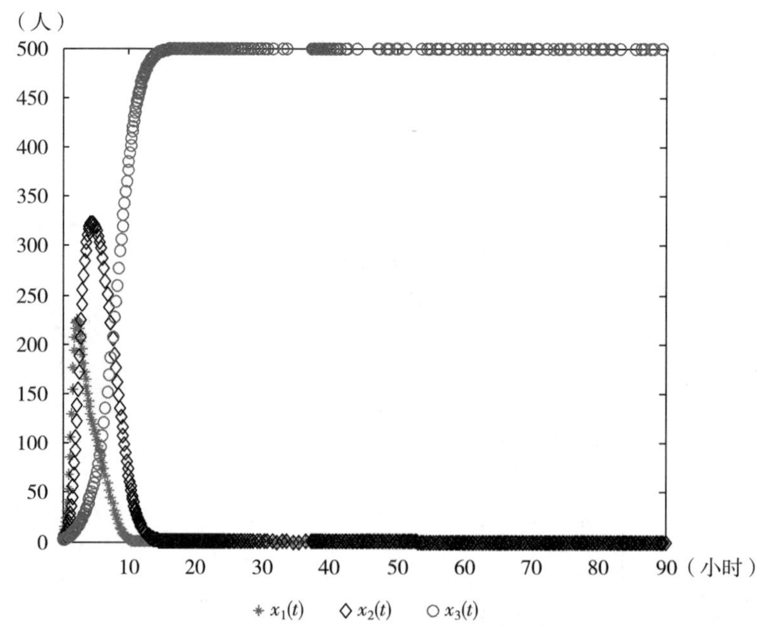

图6-3　情景1不平等竞争系数组2下仿真结果

资料来源：笔者自绘。

由图6－2、图6－3可知，无论舆情信息1与舆情信息2平等竞争还是不平等竞争，舆论生态系统的演化最终均稳定于 P_3（0，0，500），其中两种舆情信息的支持者数量在传播初期达到峰值后迅速减少并趋于消亡，而干预信息的支持者数量迅速增加后趋于并维持上限。由表6－3可知，这与干预信息的竞争系数远大于两种舆情信息有关，即官方媒体通过大力度地发布干预信息，致使两种舆情信息的支持者迅速选择放弃或者转而选择支持干预信息，促使干预信息的支持者数量迅速增加。因此，提高干预信息发布力度是维护舆论生态系统稳定运行的关键决策。

情景2：干预信息部分胜利，干预信息和舆情信息共存。

该情景下干预信息取得部分胜利，其又可以划分为三种子结果状态：舆情信息1的支持者数量趋于消亡，舆情信息2和干预信息的支持者数量以一定值共存；舆情信息2的支持者数量趋于消亡，舆情信息1和干预信息的支持者数量以一定值共存；舆情信息1、舆情信息2和干预信息的支持者数量均以一定值共存。也就是说，干预信息仅对其中一种舆情信息取得完全胜利或者对两种舆情信息均起到了削弱作用，这是干预决策模型和决策者所期望的次理想结果。与情景1中参数取值依据同理，设置该情景中参数取值（见表6－4），研究舆论生态系统在 P_4、P_5 和 P_7 处的演化稳定性，仿真结果如图6－4至图6－6所示。

表6－4　情景2的仿真参数设置

信息类型	舆情信息1	舆情信息2	干预信息
初值	$x_{10}=5$	$x_{20}=3$	$x_{30}=2$
上限	$K_1=300$	$K_2=400$	$K_3=500$
增长率	$r_1=3$	$r_2=2$	$r_3=1$
不平等竞争系数组1	$\delta_{12}=0.2$，$\delta_{13}=0.6$	$\delta_{21}=0.8$，$\delta_{23}=0.4$	$\delta_{31}=0.9$，$\delta_{32}=0.5$
不平等竞争系数组2	$\delta_{12}=0.8$，$\delta_{13}=0.4$	$\delta_{21}=0.2$，$\delta_{23}=0.3$	$\delta_{31}=0.8$，$\delta_{32}=0.9$
平等竞争系数组3	$\delta_{12}=0.2$，$\delta_{13}=0.4$	$\delta_{21}=0.2$，$\delta_{23}=0.3$	$\delta_{31}=0.8$，$\delta_{32}=0.6$

资料来源：笔者整理。

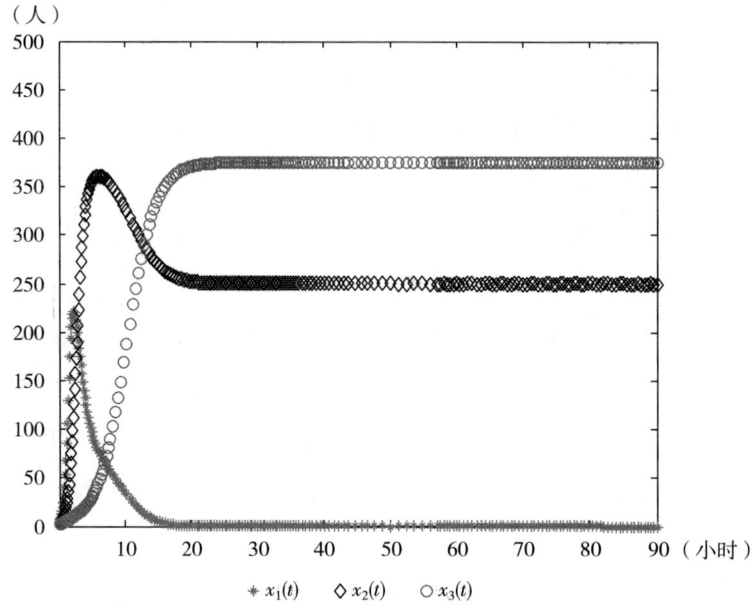

图 6-4　情景 2 不平等竞争系数组 1 下仿真结果

资料来源：笔者自绘。

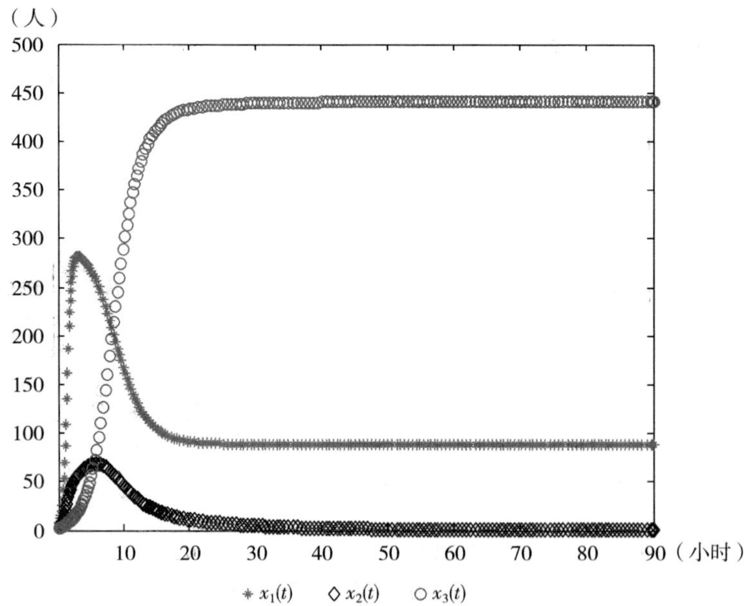

图 6-5　情景 2 不平等竞争系数组 2 下仿真结果

资料来源：笔者自绘。

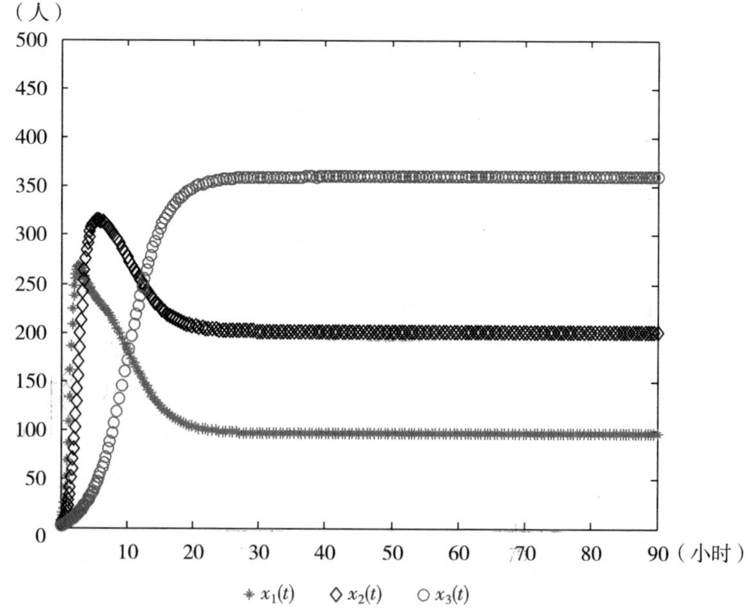

图6－6 情景2平等竞争系数组3下仿真结果

资料来源：笔者自绘。

由图6－4可知，不平等竞争系数组1下舆论生态系统的演化稳定于P_4(0，250，375)，其中舆情信息1和舆情信息2的支持者数量分别在2小时和8小时达到峰值，并分别在17小时和20小时后回落为0和250；干预信息的支持者数量持续增加并在20小时后稳定于375。由图6－5可知，不平等竞争系数组2下舆论生态系统的演化稳定于P_5(88，0，441)，其中舆情信息1和舆情信息2的支持者数量分别在3小时和7小时达到峰值，并分别在20小时和40小时后降低为88和0；干预信息的支持者数量持续增加并在30小时后稳定于441。由图6－6可知，平等竞争系数组3下舆论生态系统的演化趋近于P_7(97，202，359)，其中舆情信息1和舆情信息2的支持者数量分别在3小时和8小时达到峰值，并分别在25小时后回落为97和202；干预信息的支持者数量持续增加并在28小时后稳定于359。结合表6－4可知，虽然干预信息对两种舆情信息的三组竞争系数仍然大于两种舆情信息对干预信息的三组竞争系数，但是干预信息却没有取得完全胜利。这主要与干预信息的相对竞争力偏小即干预信息发布力度不够有关，同时也与干预信息在两种舆情信息传播初期的支持者数量增长率偏小即干预信息发布时间较晚有关，即干预信息发布力度不足以完全抵消其发布时间较晚所造成的影响，这与情景 1 形成了鲜明对比。因此，提高干预信息发布力度和争夺干预信息发布时间均尤为关键。例如，在 2011 年日本核泄漏事件中，虽然自 3 月 16 日起浙江、江苏和广东等地方政府召开了多次新闻发布会进行干预，但是未能完全阻止上述两种舆情信息的传播，这与干预信息发布力度不够（未涉及对传播者的处罚）和干预信息发布时间较晚均密切相关（3 月 14 ~ 15 日即出现了舆情信息引发抢盐的现象）。

情景 3：干预信息失败，只存在舆情信息。

该情景下干预信息完全失败，也包括三种子结果状态：舆情信息 1 的支持者数量趋于上限值，舆情信息 2 和干预信息的支持者数量均趋于消亡；舆情信息 2 的支持者数量趋于上限值，舆情信息 1 和干预信息的支持者数量均趋于消亡；舆情信息 1 和舆情信息 2 的支持者数量均以一定值共存，干预信息的支持者数量趋于消亡。也就是说，演化结果中至少存在一种舆情信息的支持者，而不存在干预信息的支持者，这是干预决策模型和决策者所不期望得到的最差结果。与情景 1 中参数取值依据同理，设置该情景中参数取值（见表 6－5），研究系统在 P_1、P_2 和 P_6 处的演化稳定性，仿真结果如图 6－7 至图 6－9 所示。

表 6－5　情景 3 的仿真参数设置

信息类型	舆情信息 1	舆情信息 2	干预信息
初值	$x_{10}=5$	$x_{20}=3$	$x_{30}=2$
上限	$K_1=300$	$K_2=400$	$K_3=500$
增长率	$r_1=3$	$r_2=2$	$r_3=1$
不平等竞争系数组 1	$\delta_{12}=1.2$，$\delta_{13}=1.6$	$\delta_{21}=0.8$，$\delta_{23}=0.6$	$\delta_{31}=0.9$，$\delta_{32}=0.7$
不平等竞争系数组 2	$\delta_{12}=0.1$，$\delta_{13}=0.1$	$\delta_{21}=1.6$，$\delta_{23}=1.2$	$\delta_{31}=0.9$，$\delta_{32}=0.8$
平等竞争系数组 3	$\delta_{12}=0.6$，$\delta_{13}=1.0$	$\delta_{21}=0.6$，$\delta_{23}=1.2$	$\delta_{31}=0.9$，$\delta_{32}=0.8$

资料来源：笔者整理。

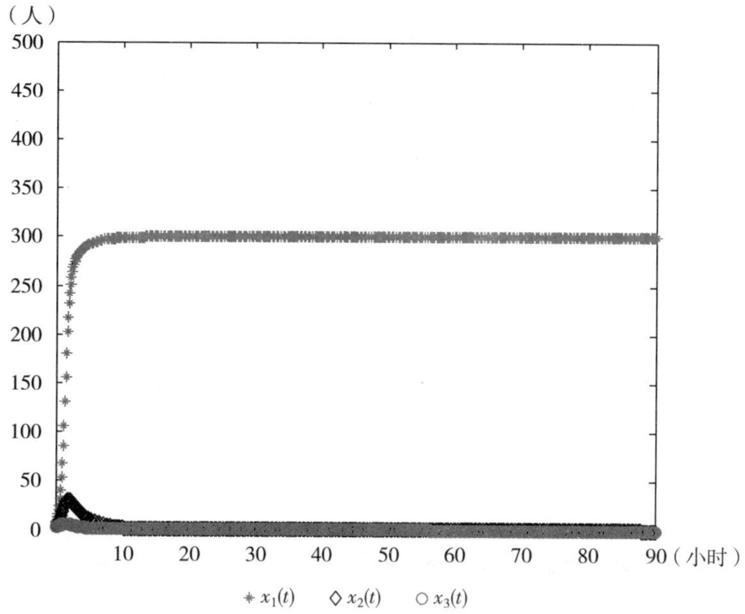

图 6-7　情景 3 不平等竞争系数组 1 下仿真结果

资料来源：笔者自绘。

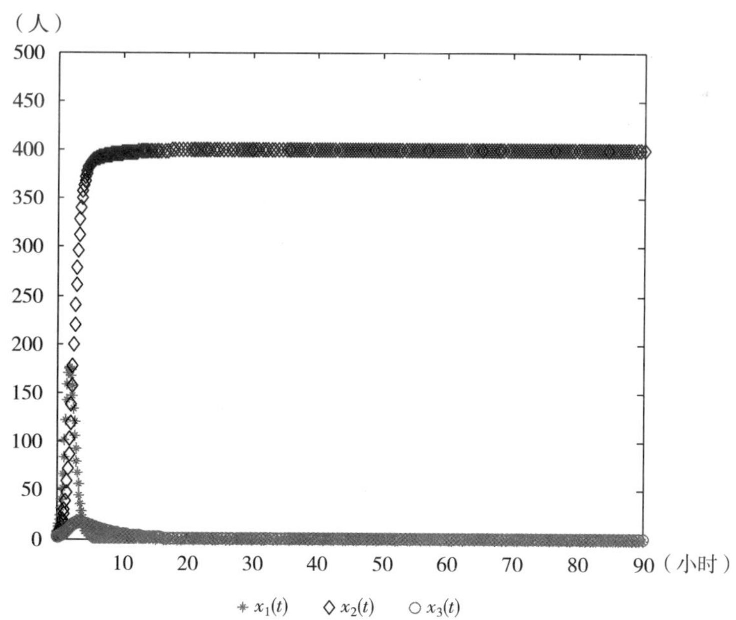

图 6-8　情景 3 不平等竞争系数组 2 下仿真结果

资料来源：笔者自绘。

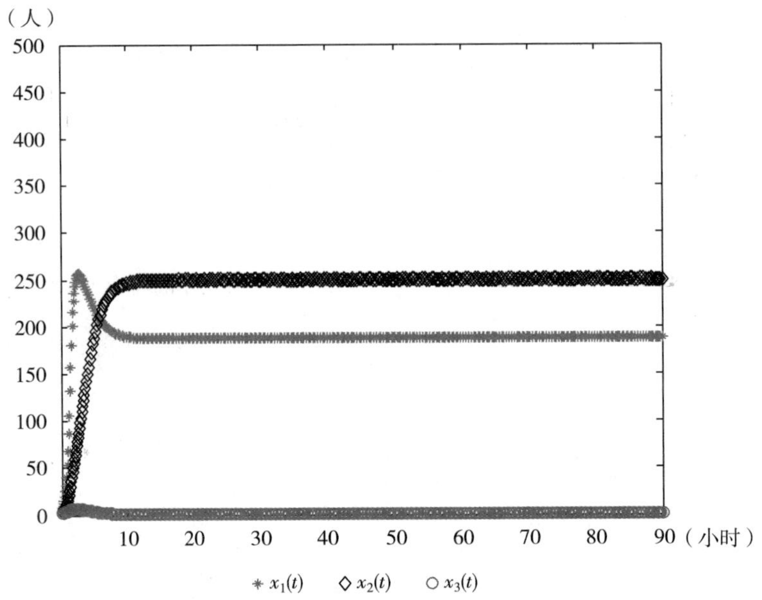

图 6-9　情景 3 平等竞争系数组 3 下仿真结果

资料来源：笔者自绘。

由图 6-7 可知，不平等竞争系数组 1 下舆论生态系统的演化稳定于 P_1(300，0，0)，其中舆情信息 1 的支持者数量迅速增加并在 8 小时后稳定于 300；舆情信息 2 和干预信息的支持者数量分别在 2 小时和 1 小时达到峰值，并分别在 10 小时后减少为 0。由图 6-8 可知，不平等竞争系数组 2 下舆论生态系统的演化稳定于 P_2(0，400，0)，其中舆情信息 2 的支持者数量迅速增加并在 8 小时后稳定于 400；舆情信息 1 和干预信息的支持者数量分别在 3 小时达到峰值，并分别在 6 小时和 10 小时后回落为 0。由图 6-9 可知，平等竞争系数组 3 下舆论生态系统的演化趋近于 P_6(188，250，0)，其中舆情信息 2 的支持者数量持续增加并在 12 小时后稳定于 250；舆情信息 1 和干预信息的支持者数量分别在 3 小时和 2 小时达到峰值，并分别在 12 小时后回落为 188 和 0。结合表 6-5 可知，干预信息完全失败的结果状态主要取决于干预信息和获胜舆情信息间的相对竞争

系数，即干预信息的相对竞争系数偏小。同时也可发现，竞争系数组 2 下舆情信息 2 和干预信息的竞争力均大于舆情信息 1，但最终只有舆情信息 2 获胜，竞争系数组 3 下舆情信息 1 和舆情信息 2 的竞争力均大于干预信息，但最终舆情信息 1 和舆情信息 2 均获胜。这说明系统演化的结果状态也与舆情信息 1、舆情信息 2 和干预信息的支持者增长率间大小关系有关。因此，可得与情景 2 相同的决策结论。

情景 4：干预信息竞争系数的灵敏度情景仿真。

为了对应急决策者的干预信息发布力度决策提供一定理论依据，下面对干预信息竞争系数的灵敏度进行仿真分析。为此，设置舆情信息 1 和舆情信息 2 对干预信息的竞争系数不变，考查干预信息对舆情信息 1 和舆情信息 2 的竞争系数变动，对舆论生态系统演化稳定性的影响，为方便表述记为情景 4。与情景 1 中参数取值依据同理，设置该情景中参数取值（见表 6－6），可得仿真结果如图 6－10、图 6－11 所示。

表 6－6　情景 4 的仿真参数设置

信息类型	舆情信息 1	舆情信息 2	干预信息
初值	$x_{10}=5$	$x_{20}=3$	$x_{30}=2$
上限	$K_1=300$	$K_2=400$	$K_3=500$
增长率	$r_1=3$	$r_2=2$	$r_3=1$
不平等竞争系数组 1	$\delta_{12}=0.4$，$\delta_{13}=0.4$	$\delta_{21}=0.2$，$\delta_{23}=0.2$	$\delta_{31}=0.8$，$\delta_{32}=1.2$
平等竞争系数组 2	$\delta_{12}=0.2$，$\delta_{13}=0.4$	$\delta_{21}=0.2$，$\delta_{23}=0.2$	$\delta_{31}=1.2$，$\delta_{32}=1.6$

资料来源：笔者整理。

由图 6－10 可知，不平等竞争系数组 1 下舆论生态系统的演化稳定于 P_5(88，0，441)，其中舆情信息 1 和舆情信息 2 的支持者数量分别在 3 小时和 7 小时达到峰值，并分别在 21 小时后降低为 88 和 0；干预信息的支持者数量持续增加并在 25 小时后稳定于 441。由图 6－11 可知，平等竞争系数组 2 下舆论生态系统的

演化趋近于 P_3（0，0，500），其中舆情信息 1 和舆情信息 2 的支持者数量分别在 3 小时和 5 小时达到峰值，并分别在 16 小时和 15 小时后下降为 0；干预信息的支持者数量迅速增加并在 19 小时后稳定于 500。结合表 6－6 可知，随着干预信息对舆情信息 1 和舆情信息 2 的竞争系数增大，舆论生态系统的演化结果呈现出“干预信息和其中一种舆情信息共存→干预信息胜利和两种舆情信息均消灭”的递进过程。此外，还可发现虽然干预信息对舆情信息 1 和舆情信息 2 的竞争系数增大，可显著提高干预信息的支持者数量峰值，并可显著缩短三者的支持者数量达到稳态的时间。

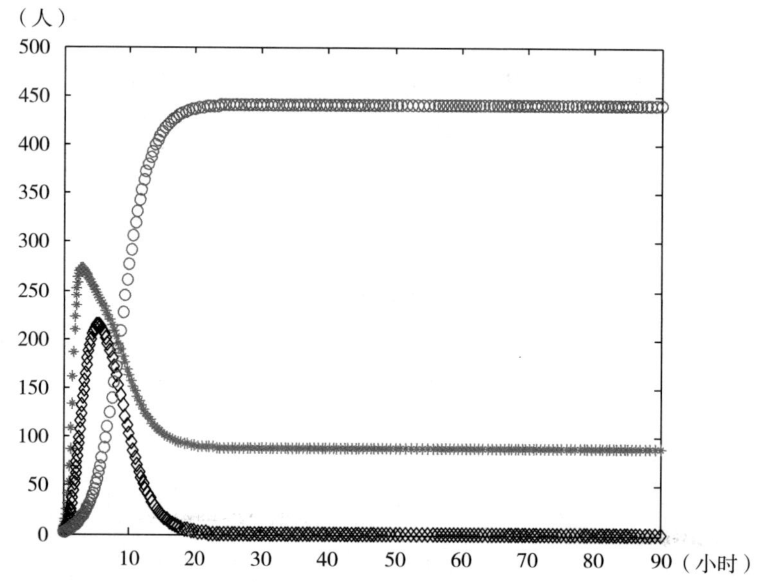

图 6－10　情景 4 不平等竞争系数组 1 下仿真结果

资料来源：笔者自绘。

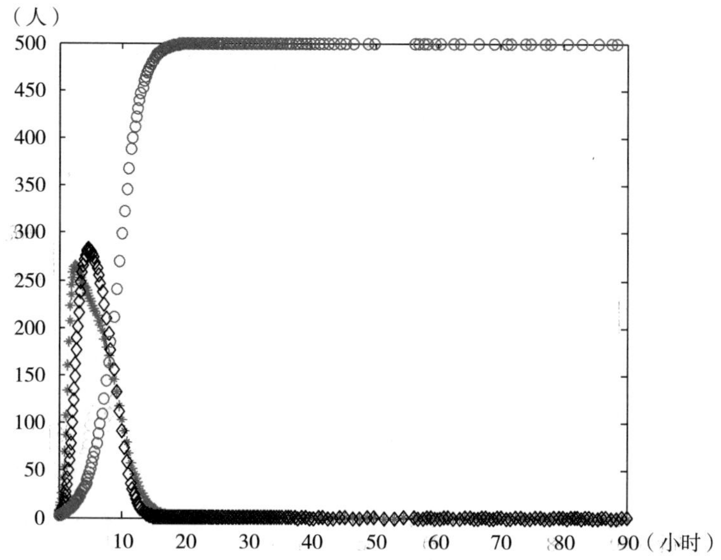

图 6－11　情景 4 平等竞争系数组 2 下仿真结果

资料来源：笔者自绘。

第五节　本章小结

在第三章和第四章研究了带有平等竞争地位和不平等竞争地位的两种舆情信息演化规律基础上，本章重点研究了带有竞争地位的两种舆情信息演化规律的干预决策，期望为应急决策者提供预警和干预决策支持。首先，基于生态学领域中 Lotka－Volterra 模型的建模思路，构建了带有竞争地位的两种舆情信息演化规律的干预决策模型。其次，通过分析模型的平衡点及其稳定性条件，得到了舆论生态系统演化的三种结果状态，即干预信息胜利，舆情信息消灭；干预信息部分胜利，干预信息和舆情信息共存；干预信息失败，只存在舆情信息。最后，通过情景仿真研究了舆论生态系统演化的影响因素及其对系统演化的作用规律，并以 2011 年日本核泄漏事件为例对其合理性进行了验证。结果表明，提高干预信息发布力度和争夺发布时间是维护舆论生态系统稳定运行的关键决策；干预信息发布力度的提高虽然对两种舆情信息支持者数量的峰值影响不明显，但是可以显著降低其稳态结果和缩短其达到稳态的时间。上述研究结果不仅有助于揭示干预信息和两种舆情信息相互竞争情景下的舆论生态系统演化规律，还可为该情景下干预决策的制定提供参考依据。

第七章　考虑干预信息发布延迟的决策时机研究

本书第六章从两种竞争性舆情信息的演化规律入手，研究了政府及官方媒体干预决策的制定，并提出了提高干预信息发布力度和争夺发布时间是维护舆论生态系统稳定运行的关键决策。然而，在现实案例中，舆情信息往往早于政府及官方媒体发布的干预信息出现，干预信息发布过早易引发公众的过度反应，而干预信息发布过晚又容易导致舆情信息演化态势难以调控。为此，本章将重点关注和研究考虑出现时间差异的干预信息发布机制。

综上，将本章的研究结构安排如下：第一节从多案例研究角度入手划分舆情信息与干预信息的演进阶段，并给出考虑干预信息发布延迟的两阶段演进框架。第二节根据舆情信息和干预信息的演进阶段划分，并借鉴第二章第四节介绍的Logistic 增长模型及 Lotka – Volterra 竞争模型的构造思路，给出两阶段模型。第三节求解两阶段模型的平衡点及其稳定性和稳定条件。第四节运用 Matlab 软件进行情景仿真，验证两阶段模型的演化结果，并探究干预信息的不同发布时机及发布强度对舆情信息演化过程的干预效果。第五节是本章的研究总结。

第一节 问题描述及演进阶段划分

近年来，频繁爆发的突发事件（如2003年SARS事件、2010年丰田公司“北美召回”事件、2011年索尼公司“黑客门”事件、2011年日本核泄漏事件、2014年马航MH370客机失联事件、2017年WannyCry勒索病毒事件等）往往会在短时间内引发多种舆情信息的广泛传播。从信息内容来看：一类是在微博、微信等自媒体上广为扩散且易引发公众恐慌的负面舆论信息（如2011年日本核泄漏事件中的“碘盐能够预防和治疗核辐射”），即舆情信息。另一类是政府及官方媒体所发布且有利于安抚公众恐慌和澄清事件真相的信息（如2011年日本核泄漏事件中的“食用盐库存充裕”），即干预信息。由大量现实案例可知，由于突发事件的危害性，舆情信息一般率先出现并得到公众的大规模传播。相比之下，为避免引发公众恐慌和净化网络空间，政府及官方媒体往往在舆情信息出现之后才发布干预信息来澄清事件真相（王治莹和李勇建，2017）。由此可见，舆情信息和干预信息间不仅存在竞争关系，还存在出现时间差异的问题，即干预信息往往发布延迟，据此提出以下假设：

假设1：突发事件下，多种广泛扩散的信息可按信息内容聚类为两类互为竞争关系且具有出现时间差异的信息，即舆情信息和干预信息，且干预信息往往发布延迟。

假设2：考虑干预信息发布延迟，将舆情信息和干预信息的传播过程划分为两个阶段（即舆情信息单独传播阶段与舆情信息和干预信息共同传播阶段）。

事实上，在干预信息发布后，前一个阶段（舆情信息单独传播阶段）的舆情信息支持者在其有限理性和干预信息吸引力的影响下，可能会在后一个阶段（舆情信息和干预信息共同传播阶段）对舆情信息产生怀疑，从而存在放弃舆情信息转而支持干预信息的可能，据此提出假设3。

假设3：在干预信息发布后，舆情信息争取支持者的能力逐渐降低，而干预信息争取支持者的能力逐渐提高。

此外，考虑到在舆情危机早期阶段，两种竞争性舆情信息的演化速度非常快，其表现为两种竞争性舆情信息的出现时间差异非常小，并且本章重点关注干预信息与两种舆情信息之间的发布延迟时间对应急管理者决策时机的启示，而两种竞争性舆情信息间的交互作用及出现时间差异并非研究重点，故在此将本书前几章所研究的舆情信息 1 和舆情信息 2 组合，并简记为舆情信息，即本章研究涉及组合后的舆情信息与干预信息。

综上所述，可以给出突发事件中考虑干预信息发布延迟的两阶段演进框架，如图 7－1 所示。其中，t_0 表示干预信息相较于舆情信息出现的延迟时间。在图 7－1中，第一阶段的公众空间中只有微博、微信及各民间渠道传播的舆情信息，由于其不存在传播竞争对手，故符合 Logistic 模型的增长模式（姜景等，2015）；在 t_0 时刻干预信息得以发布，此后传播进入第二阶段，即舆情信息和干预信息共同传播，且相互竞争公众空间。需要说明的是，生态学领域中常用 Lotka－Volterra 模型研究异质种群间的竞争演化，而由于舆情信息和干预信息的竞争传播和异

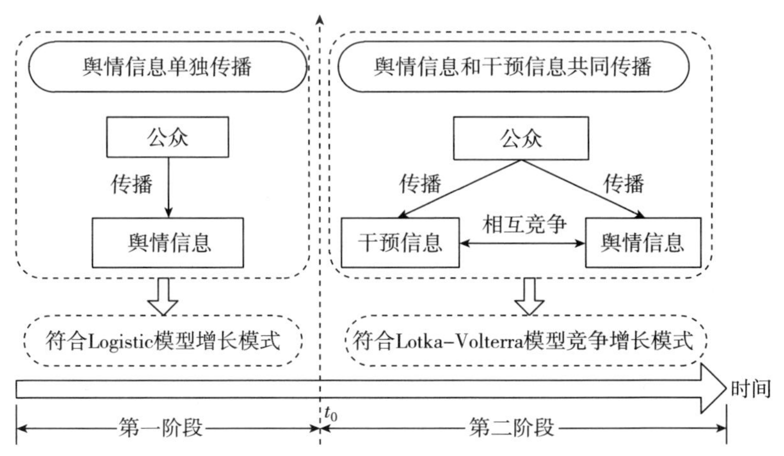

图 7－1　考虑干预信息发布延迟的两阶段演进框架

资料来源：笔者自绘。

质种群的竞争演化具有相似性，近年来 Lotka – Volterra 模型也开始被应用到突发事件发生后的异质信息［如谣言和辟谣信息（姜景等，2015）、多种网络消息（Zhang 等，2014）］传播过程建模之中。由此可见，舆情信息和干预信息作为一对具有相互竞争关系的异质信息，其竞争传播过程也符合 Lotka – Volterra 模型的竞争增长模式（Hung 等，2017）。

第二节　两阶段模型构建

本章第一节从多案例研究入手，给出了舆情信息和干预信息演进阶段划分，并在此基础上，给出考虑干预信息发布延迟的两阶段演进框架。本节将重点研究两阶段模型，根据舆情信息和干预信息的演进阶段划分给出两阶段模型。

第一阶段：舆情信息单独传播。由图 7 – 1 可知，在突发事件发生早期，公众空间中仅存在舆情信息，其传播符合 Logistic 模型的增长模式，故构建第一阶段（舆情信息单独传播）模型如下：

$$\begin{cases} \dfrac{dx_1}{dt} = r_1 x_1 \left(1 - \dfrac{x_1}{K_1}\right) \\ x_1(t)\big|_{t=0} = x_1(0) \end{cases} \tag{7-1}$$

其中，$x_1(t)$表示舆情信息在 t 时刻争取到的支持者数量；r_1 表示舆情信息支持者数量的增长率；K_1 表示舆情信息所能争取到的支持者数量的上限值。

第二阶段：舆情信息和干预信息共同传播。由于舆情信息具有新颖性（Vosoughi 等，2018），其在出现早期的吸引力较高。根据假设 1 ~ 假设 2，针对事件的各种小道消息大量传播，政府及官方媒体往往会在该阶段发布干预信息。根据假设 3，在人类有限理性和干预信息吸引力的影响下，公众逐渐认识到突发事件的整体情况并可能发现某些舆情信息的虚假性，从而可能逐渐不再或是更谨慎传播舆情信息，并转而支持干预信息。因此，该阶段中舆情信息的吸引力逐渐降低并可能趋于零。根据 Qiu 等（2016）提出的用于分析系统寿命的 Weibull 函数适合描述这种现象，对其借鉴将舆情信息的吸引力定义为：

$$\sigma(t)=\mu e^{-[\frac{t-t_0}{\theta}]^{\beta}} \tag{7-2}$$

其中，$\sigma(t)$表示舆情信息在 t 时刻的吸引力，$t\in(t_0,\ \infty)$；t_0 表示干预信息相较于舆情信息出现的延迟时间；μ 表示舆情信息在 t_0 时刻争取支持者的能力，即传播强度；$e^{-\Delta}$，$\Delta=[(1/\theta)(t-t_0)]^{\beta}$ 表征了舆情信息争取支持者能力在$(t_0,\ \infty)$区间逐渐下降性质；$1/\theta$ 表示舆情信息争取支持者能力的下降速度；β 为调节参数，如公众有限理性等。正是在干预信息发布强度不断增加和公众有限理性等因素的共同作用下，越来越多的个体才转而支持干预信息，舆情信息争取支持者的能力也才逐渐降低。因此，定义 ε 为干预信息发布强度的增加速度，不妨设 $\varepsilon=1/\theta$，代入式(7－2)可得：

$$\sigma(t)=\mu e^{-[\varepsilon(t-t_0)]^{\beta}} \tag{7-3}$$

根据假设 3，由于干预信息的发布滞后于舆情信息，因此干预信息在公众空间中的初始吸引力较小。随着人们对突发事件、舆情信息及干预信息的认识逐渐深入，干预信息争取支持者的能力逐渐提高，因此其吸引力逐渐得以提高并最终可能达到饱和状态。结合式（7－3）和 Qiu 等（2016）提出的免疫力函数的构造思路，将干预信息的吸引力定义为：

$$\gamma(t)=\frac{\omega}{1+e^{-[\rho+\varepsilon(t-t_0)]}} \tag{7-4}$$

其中，$\gamma(t)$表示干预信息在 t 时刻的吸引力，$t\in(t_0,\ \infty)$；ρ 表示干预信息在 t_0 时刻争取支持者的能力，即初始发布强度；$\rho+\varepsilon(t-t_0)$表征了干预信息争取支持者能力在$(t_0,\ \infty)$区间逐渐提高性质；ω 表示干预信息吸引力的上限值，即随着干预信息支持者争取能力增加，其吸引力的极限值。

由图 7－1 可知，在该阶段中，舆情信息和干预信息相互竞争公众空间，这符合 Lotka－Volterra 模型的竞争增长模式，即其中一种信息的支持者数量的增加除了受到自身支持者数量规模的限制外，还受到另一种信息支持者数量竞争的制约。需要说明的是，由于本书考虑了舆情信息和干预信息吸引力的动态变化性，因此舆情信息和干预信息的竞争力也均会随时间的推移而发生变化，并且从式（7－3）和式（7－4）可知，舆情信息和干预信息间的竞争不对称。为此，不妨以舆情信息的吸引力函数来表征舆情信息对干预信息的竞争力系数，并以干预信息的吸引力函数来表征干预信息对舆情信息的竞争力系数。基于此，可通过将式（7－3）和式（7－4）引入 Lotka－Volterra 竞争模型，构建第二阶段（舆情信息和干预信息共同传播）的模型如下：

$$\begin{cases} \dfrac{dx_1}{dt} = r_1 x_1 \left(1 - \dfrac{x_1}{K_1} - \dfrac{\omega}{1 + e^{-[\rho + \varepsilon(t - t_0)]}} \dfrac{x_2}{K_2}\right) \\ \dfrac{dx_2}{dt} = r_2 x_2 \left(1 - \dfrac{x_2}{K_2} - \mu e^{-[\varepsilon(t - t_0)]^{\beta}} \dfrac{x_1}{K_1}\right) \\ x_1(t)\big|_{t=t_0} = x_1(t_0),\ x_2(t)\big|_{t=t_0} = x_2(0) \end{cases} \tag{7-5}$$

其中，$x_2(t)$ 表示干预信息在 t 时刻争取到的支持者数量；r_2 表示干预信息支持者数量的增长率；K_2 表示干预信息所能争取到的支持者数量的上限值。

第三节　模型性质分析

本章第二节给出了两阶段模型，在此基础上，本节将重点研究上述模型的平衡点及其稳定性和稳定条件。

第一阶段模型的平衡点与稳定性分析。根据式（7－1），若令 $h(x_1) = r_1 x_1(1 - x_1/K_1) = 0$，则可得平衡点 $x_1 = 0$ 和 $x_1 = K_1$。由于 $h'(x_1) = r_1(1 - 2x_1/K_1)$，因此 $h'(x_1)\big|_{x_1=0} = r_1 > 0$，$h'(x_1)\big|_{x_1=K_1} = -r_1 < 0$，故 $x_1 = 0$ 是不稳定的平衡点，$x_1 = K_1$ 是稳定的平衡点，由此可得命题 1。

命题 1：当舆情信息的支持者数量达到其可能的增长上限值时，若政府及官方媒体尚未发布干预信息，则模型在舆情信息的最大支持者数量处达到稳态。

第二阶段模型的平衡点与稳定性分析。为了分析舆情信息与干预信息的竞争

传播结果，即 $t\to\infty$ 时 $x_1(t)$ 和 $x_2(t)$ 的变化趋势，下面对式(7－5)的平衡点及其稳定性进行分析，令：

$$\begin{cases} f(x_1, x_2)=r_1x_1\left(1-\dfrac{x_1}{K_1}-\dfrac{\omega}{1+e^{-[\rho+\varepsilon(t-t_0)]}}\dfrac{x_2}{K_2}\right)=0 \\ g(x_1, x_2)=r_2x_2\left(1-\dfrac{x_2}{K_2}-\mu e^{-[\varepsilon(t-t_0)]\beta}\dfrac{x_1}{K_1}\right)=0 \end{cases} \tag{7-6}$$

通过求解式（7－6），可得四个平衡点，即 $P_1(K_1, 0)$，$P_2(0, K_2)$，$P_3(A/C, B/C)$，$P_4(0, 0)$。其中 $A=K_1[1-\gamma(t)]$，$B=K_2[1-\sigma(t)]$，$C=1-\gamma(t)\sigma(t)$，$\sigma(t)$ 和 $\gamma(t)$ 的表达式如式(7－3)和式(7－4)所示。根据前文所述，随着时间的推移，$\gamma(t)$ 的值逐渐提高并趋于 ω，$\sigma(t)$ 的值逐渐降低并趋于0。

根据常系数线性微分方程组的平衡点稳定性判别方法（张芷芬等，1985），求得式（7－6）的系数矩阵：

$$A=\begin{bmatrix} f_{x_1} & f_{x_2} \\ g_{x_1} & g_{x_2} \end{bmatrix}=\begin{bmatrix} r_1\left(1-\dfrac{2x_1}{K_1}-\dfrac{\gamma(t)x_2}{K_2}\right) & -\dfrac{r_1\gamma(t)x_1}{K_2} \\ -\dfrac{r_2\sigma(t)x_2}{K_1} & r_2\left(1-\dfrac{2x_2}{K_2}-\dfrac{\sigma(t)x_1}{K_1}\right) \end{bmatrix} \tag{7-7}$$

进一步地，通过计算特征方程 $\det|A-\lambda I|=0$，可得：

$$\begin{cases} \lambda^2+p\lambda+q=0 \\ p=-(f_{x_1}+g_{x_2})|_{P_i},\ i=1, 2, 3, 4 \\ q=\det A|_{P_i},\ i=1, 2, 3, 4 \end{cases} \tag{7-8}$$

从而可得特征根为 $\lambda_1=(-p-\sqrt{p^2-4q})/2$ 和 $\lambda_2=(-p+\sqrt{p^2-4q})/2$，当且仅当特征方程系数 $p>0$，$q>0$ 时，平衡点是模型的稳定点，并且根据张芷芬等(1985)提出的线性微分方程组奇点类型的判定方法，可进一步依据 λ_1 和 λ_2 的取值情况判断上述四个平衡点的具体类型，由此可得第二阶段模型的平衡点 P_i，$i=1, 2, 3, 4$ 稳定性状况及其稳定条件，如表7－1所示。其中，虽然稳定节点和稳定退化节点具有不同的定性结构，但是其附近的轨线拓扑结构相同(张芷芬等，1985)，当 $t\to+\infty$ 时，轨线都将趋向于平衡点，从而稳定节点和稳定退化节点都是模型的稳定点。因此，由表 7-1 可知，第二阶段模型具有两个稳态竞争结果，即 $P_2(0, K_2)$(舆情信息支持者数量降低为零，干预信息的支持者数量提高至其上限值)和 $P_3(A/C, B/C)$(舆情信息与干预信息的支持者共存)，由此可得命题 2。

表 7-1 第二阶段模型的平衡点及其稳定性

平衡点	λ_1，λ_2	p，q	平衡点类型	约束条件	稳定性
P_1 (K_1, 0)	$\lambda_1<0<\lambda_2$	$q<0$	鞍点	无	不稳定
P_2 (0, K_2)	$\lambda_1<\lambda_2<0$	$p>0$，$q>0$，$p^2>4q$	稳定节点	$r_1\|1-\omega\|\neq r_2$ 且 $\omega>1$	稳定
	$\lambda_1=\lambda_2<0$	$p>0$，$q>0$，$p^2=4q$	稳定退化节点	$r_1\|1-\omega\|=r_2$ 且 $\omega>1$	稳定
$P_3\left(\frac{A}{C}, \frac{B}{C}\right)$	$\lambda_1<\lambda_2<0$	$p>0$，$q>0$，$p^2>4q$	稳定节点	$r_1(1-\omega)\neq r_2$ 且 $\omega\leqslant1$	稳定
	$\lambda_1=\lambda_2<0$	$p>0$，$q>0$，$p^2=4q$	稳定退化节点	$r_1(1-\omega)=r_2$ 且 $\omega\leqslant1$	稳定
P_4 (0, 0)	$\lambda_1>\lambda_2>0$	$p<0$，$q>0$，$p^2>4q$	不稳定节点	$r_1\neq r_2$	不稳定
	$\lambda_1=\lambda_2>0$	$p<0$，$q>0$，$p^2=4q$	不稳定退化节点	$r_1=r_2$	不稳定

资料来源：笔者整理。

命题 2：若 $\omega\leqslant1$，则 $P_3(A/C, B/C)$ 为稳定点，即若干预信息的透明度不够、权威性不强和可信度不高等因素导致其吸引力的上限值受限，则公众空间中干预信息和舆情信息的支持者最终将会共存；相应地，若 $\omega>1$，则 $P_2(0, K_2)$ 为稳定点，即若干预信息吸引力的上限值高于阈值 1，则有助于消除舆情信息支持者，并促使干预信息的支持者数量增至其上限值，达到模型最优结果。

此外，综合考虑上述两个阶段模型的稳定性分析结果，可发现若政府及官方媒体在突发事件发生后迟迟不发布干预信息，则舆情信息的支持者数量将很快增加至上限值，模型达到稳态。此后若政府及官方媒体再发布干预信息，虽然能够打破第一阶段的稳态并进入第二阶段的竞争传播，但却难以挽回第一阶段舆情信息的肆意扩散所带来的危害。因此，通过对比第二阶段模型的稳态结果，由 $P_2(0, K_2)$ 和 $P_3(A/C, B/C)$ 可知，若政府及官方媒体在第一阶段的舆情信息支持者数量达到 A/C 之前就发布干预信息，则有助于上述两阶段模型尽可能仅达到第二阶段的稳态，从而可有效缩减舆情信息的影响范围。基于此，由式（7-1）可求得：

$$x_1(t)=\frac{K_1x_1(0)e^{r_1t}}{K_1+x_1(0)(e^{r_1t}-1)} \tag{7-9}$$

其中，$x_1(0)$ 表示舆情信息在初始时刻时的支持者数量。

从而可得干预信息发布时间 t_0 的约束：

$$\frac{K_1 x_1(0)e^{r_1 t}}{K_1 + x_1(0)(e^{r_1 t} - 1)} \leqslant \frac{A}{C} \tag{7-10}$$

整理可得：

$$\frac{1}{1+\left(\frac{K_1}{x_1(0)}-1\right)e^{-r_1 t}} \leqslant \frac{1+e^{-[\rho+\varepsilon(t-t_0)]}}{1+e^{-[\rho+\varepsilon(t-t_0)]}-\omega\mu e^{-[\varepsilon(t-t_0)]^{\beta}}} \tag{7-11}$$

命题3：若政府及官方媒体的干预信息发布时间 t_0 满足式(7－11)，则有助于两阶段模型尽可能仅达到第二阶段的稳态，可有效缩小舆情信息的影响范围；相比之下，若 t_0 大于第一阶段模型中舆情信息的支持者数量开始接近于其上限值 K_1 的时间，则两阶段模型将先达到第一阶段的稳态，后转移至第二阶段的稳态，从而不利于消除舆情信息在第一阶段的扩散所造成的危害。

第四节　情景仿真分析

本章第二节给出了两阶段模型，并在第三节分析了模型的平衡点及其稳定性和稳定条件。为了进一步解释和验证模型及其推导结果的有效性，并考查干预信息的不同发布时机和发布强度对舆情信息演化过程的干预效果，本节运用 Matlab 软件从模型演化结果、干预信息发布时间及其发布强度三个方面进行仿真分析。

1. 模型演化与案例验证

鉴于两阶段模型中舆情信息和干预信息最终具有两种稳态的竞争结果如表7－1所示，且稳定条件取决于干预信息吸引力上限值 ω 的大小。为此，通过设定 ω 的不同取值，对两阶段模型的综合演化过程进行仿真，仿真结果如图7－2所示。其中，模型中各参数取值根据其含义分别设置为：$K_1=K_2=500$，$r_1=r_2=2$，$x_1(0)=x_2(t_0)=2$，$\rho=0.6$，$\varepsilon=0.6$，$\beta=0.5$，$t_0=2$，$\mu=1.2$。

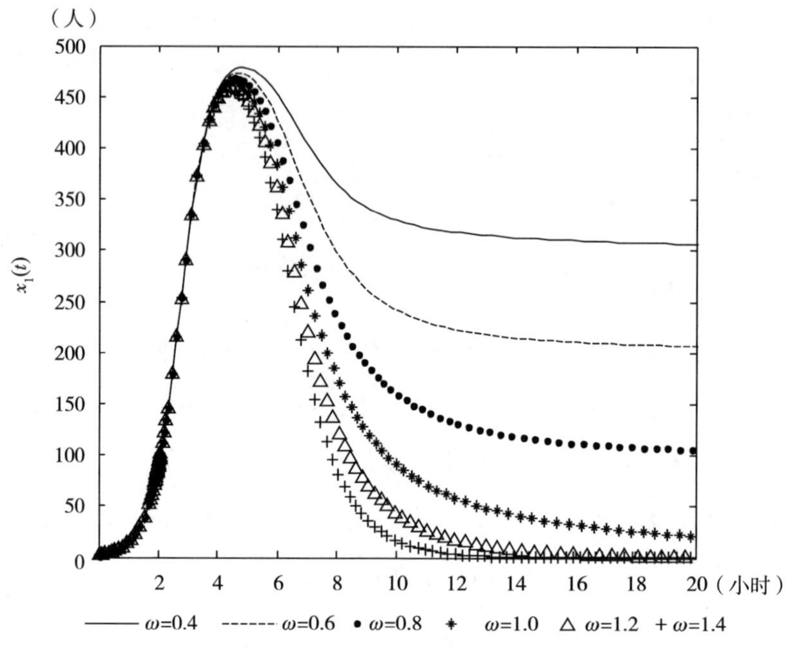

（a）舆情信息演化结果

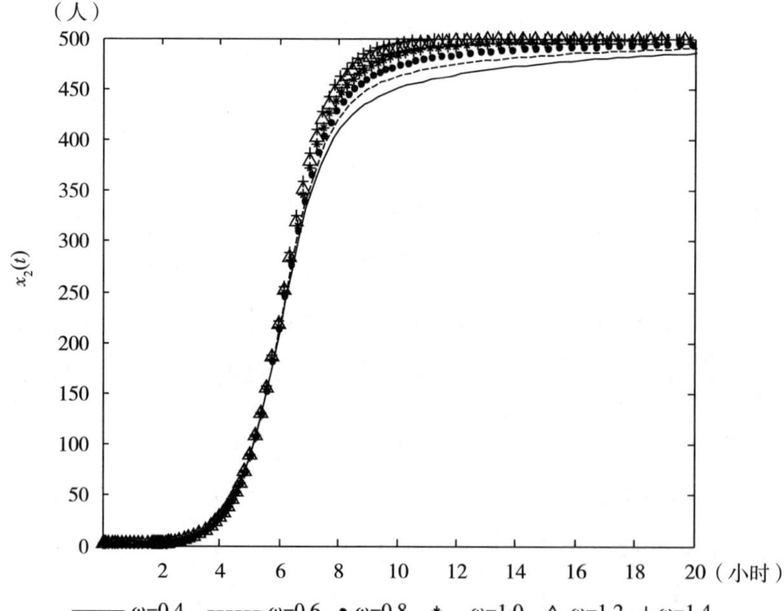

（b）干预信息演化结果

图 7-2　干预信息吸引力的不同上限值 ω 下的模型演化结果

资料来源：笔者自绘。

由图7－2可知，在ω的不同取值下，舆情信息和干预信息的支持者数量分别呈现了先迅速增加后趋于衰落和先迅速增加后趋于稳态的演化过程。具体而言：①当$\omega \leq 1$时（即ω分别取0.4、0.6、0.8和1.0时），舆情信息和干预信息的支持者数量最终均稳定于非零值，而当$\omega > 1$时（即ω分别取1.2和1.4时），两者最终分别稳定于0和500；②随着ω的取值增大，舆情信息和干预信息支持者数量的稳态结果分别呈现出减小和增大的趋势；③当$t = 2$时，舆情信息的支持者数量明显尚未达到其峰值，因此在$t_0 = 2$时干预信息的发布促使模型的演化达到了第二阶段的稳态结果。由此可知，仿真结果很好地验证了模型的推导结论即命题1～命题3。

上述仿真结果同样符合实际，如在2011年日本核泄漏事件中，3月14～16日，“碘盐能够预防和治疗核辐射”等舆情信息率先在新浪微博上发酵，虽然我国浙江、江苏和广东等地方政府发布了“食用盐库存充裕”等干预信息，但是限于其传播率或吸引力不够，未能及时消除舆情信息的支持者，导致我国多地陆续爆发抢盐事件。直到3月17日国家发改委发布了打击扰乱市场行为的紧急通知，干预信息才逐渐占据舆论上风，并于3月18日扑灭了舆情信息的扩散和抢盐风波。再如2010年丰田公司“北美召回”事件中，“丰田公司新普锐斯刹车失灵”、“电子控制技术不可靠”及“丰田公司有意隐瞒事故数据”等舆情信息迅速涌现，面对公众的普遍质疑，丰田公司积极调查取证并及时召回了存在故障的汽车，丰田公司恰到好处的危机处理策略避免了潜在的舆论危机和社会恐慌。

2. 干预信息发布时间的影响

突发事件下舆情信息出现后，何时发布干预信息是应急管理者所需决策的重点问题之一。因此，在干预信息发布时间的模型解析结论（即命题3）基础上，下面考查干预信息的不同发布时间（即干预信息相较于舆情信息出现的延迟时间）对干预效果的影响规律，仿真结果如图7－3所示。其中，模型中参数根据其含义分别取值为：$K_1 = K_2 = 500$，$r_1 = r_2 = 2$，$x_1(0) = x_2(t_0) = 2$，$\rho = 0.6$，$\varepsilon = 0.6$，$\beta = 0.5$，$\mu = 1.2$，$\omega = 1.2$。

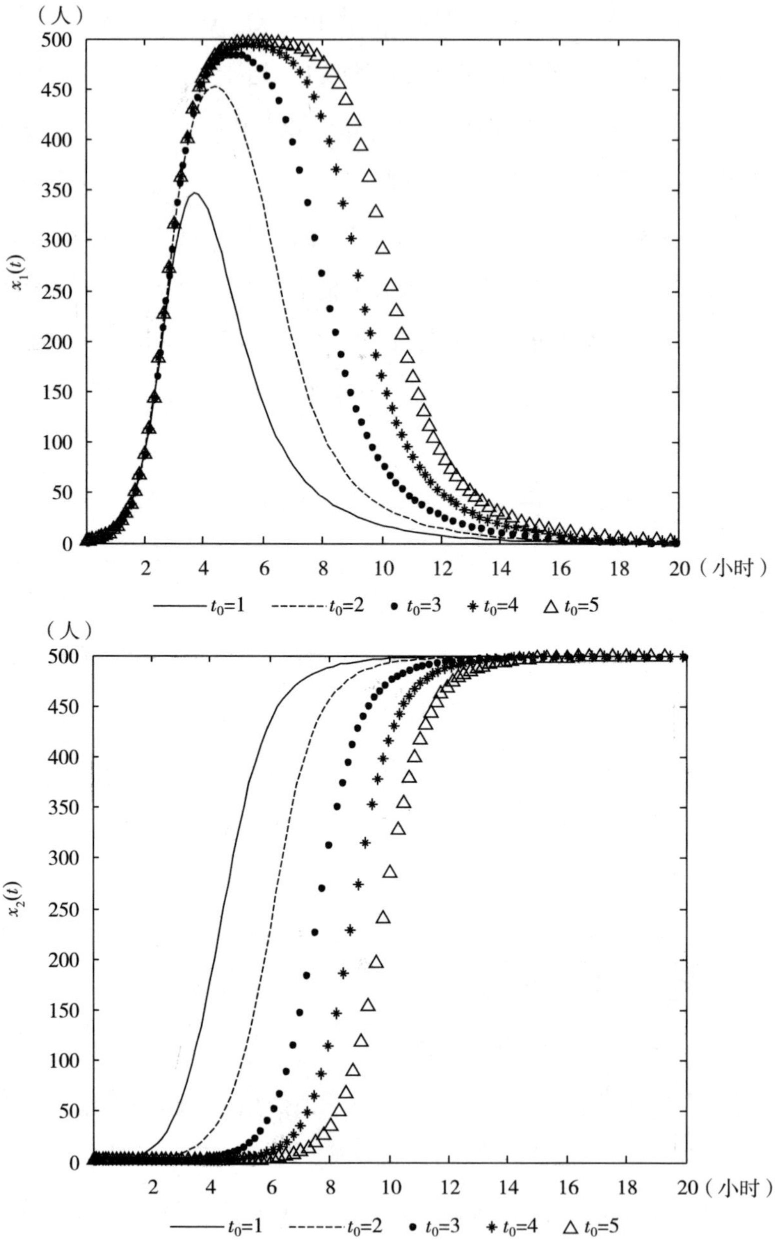

图 7－3　干预信息的不同发布时间 t_0 对干预效果的影响

资料来源：笔者自绘。

由图 7－3 可知，由于 $\omega=1.2$（即 $\omega>1$，表示干预信息吸引力的上限值很高），因此根据命题 2，无论干预信息的发布时间 t_0 取何值，模型的演化最终均

稳定于 $P_2(0, 500)$，但仍可看出：①随着 t_0 取值的逐渐增加，舆情信息的支持者数量所能够达到的峰值逐渐增大，且其回落为零值的时间逐渐延长；②当 t_0 取值为 1、2 和 3 时，舆情信息支持者数量的峰值均小于其上限值 500，从而模型的演化只达到了第二阶段的稳态 $P_2(0, 500)$；③当 t_0 取值为 4 和 5 时，舆情信息支持者数量的峰值可达其上限值 500，从而模型的演化先达到了第一阶段的稳态，后达到了第二阶段的稳态。这与命题 1 和命题 3 中的结论一致，即干预信息的发布时间不宜过晚，应规避模型在第一阶段出现稳态。

3. 干预信息发布强度的影响

干预信息的发布强度也是应急管理者在制定响应方案时的重要决策内容。为此，下面考查发布强度因素 ε（干预信息发布强度的增加速度）和 ρ（干预信息的初始发布强度）对干预效果的影响规律。仿真过程中，模型的基本参数根据其各自含义分别取值为：$K_1 = K_2 = 500$，$r_1 = r_2 = 2$，$x_1(0) = x_2(t_0) = 2$，$\beta = 0.5$，$\omega = 1.2$，$t_0 = 2$。基于此，当考查 ε 的影响时，令 $\rho = 0.6$，$\mu = 1.2$，仿真结果如图 7－4 所示；当考查 ρ 的影响时，令 $\varepsilon = 0.6$，$\mu = 1.2$，仿真结果如图 7－5 所示。

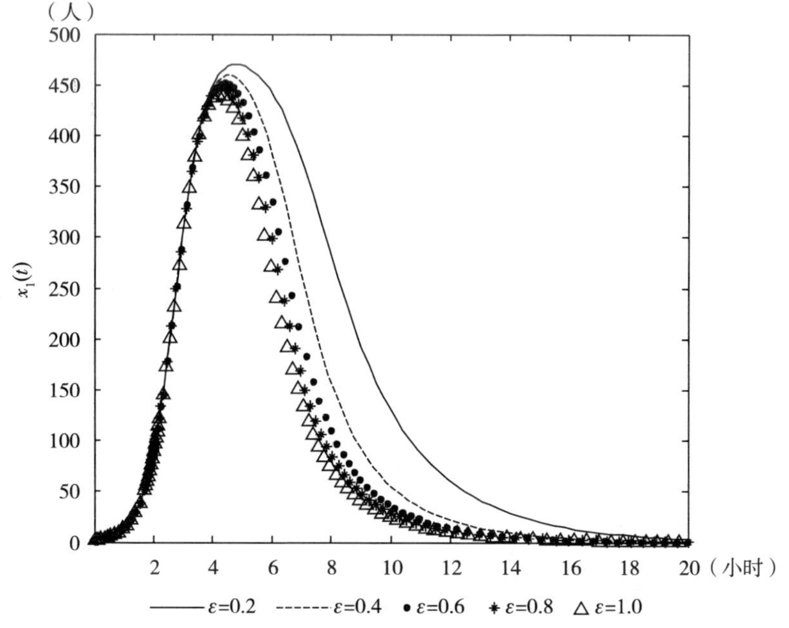

图 7－4　干预信息发布强度的增加速度 ε 对干预效果的影响

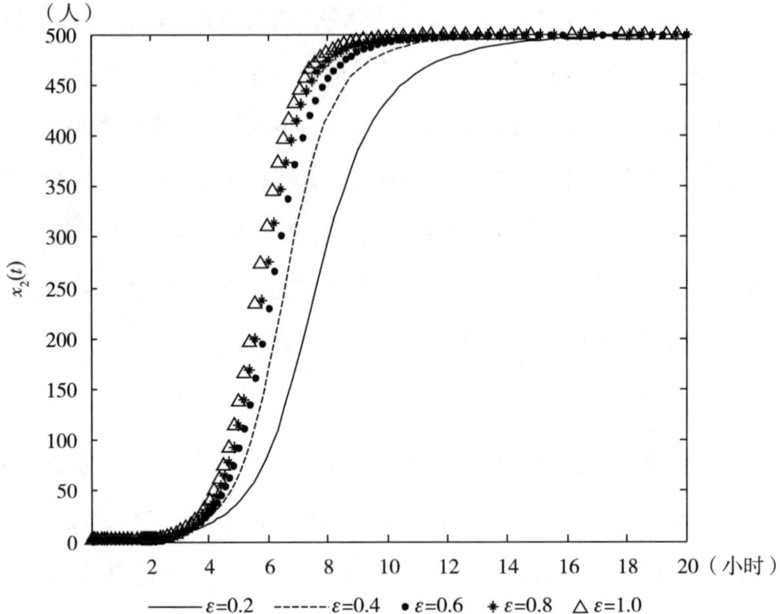

图 7－4　干预信息发布强度的增加速度 ε 对干预效果的影响（续图）

资料来源：笔者自绘。

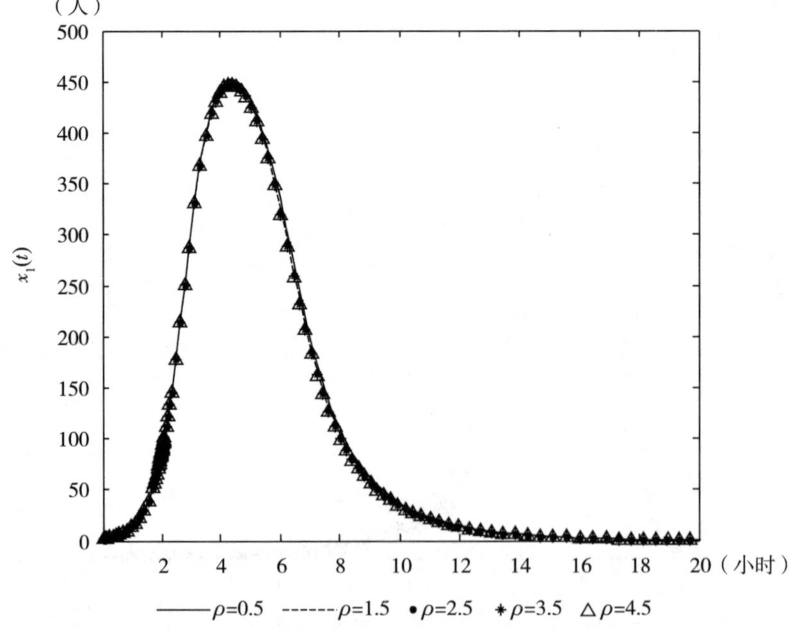

图 7－5　干预信息的初始发布强度 ρ 对干预效果的影响

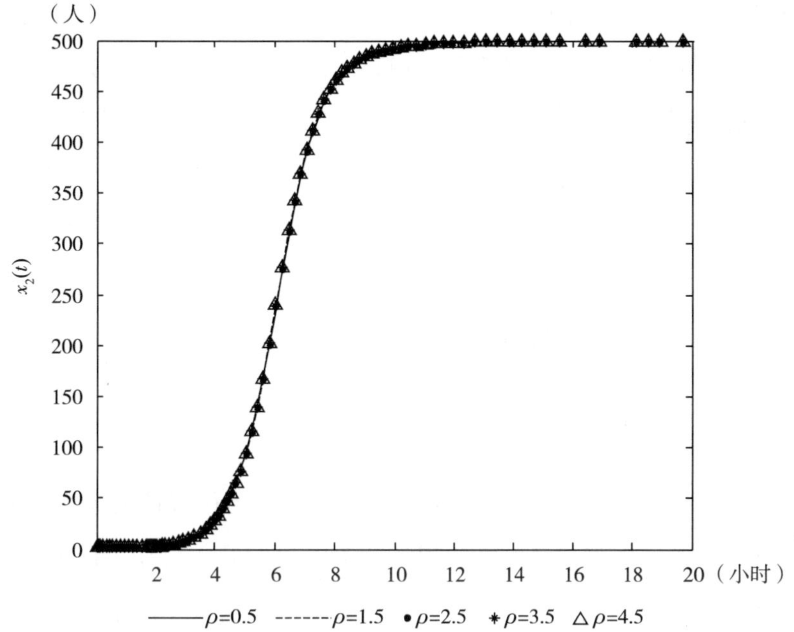

图 7－5　干预信息的初始发布强度 ρ 对干预效果的影响（续图）

资料来源：笔者自绘。

由图 7－4 可知，虽然在 ε 的不同取值下模型的演化仍然均稳定于 $P_2(0，500)$，但仍可看出，随着 ε 的逐渐增大，舆情信息支持者数量的峰值逐渐减小，且回落为零值的时间逐渐缩短，而干预信息支持者数量的增加速度逐渐提高，且增加至上限值的时间逐渐缩短。因此，为降低舆情信息的危害规模并缩减其危害时间，政府及官方媒体应在尽早发布干预信息的基础上，注重持续推进和逐渐加大干预信息的发布强度，实时准确地公布突发事件处置进展，积极抢占舆论制高点。

由图 7－5 可知，在 ρ 的不同取值下舆情信息和干预信息支持者数量的演化轨迹均基本一致，模型的演化最终均稳定于 $P_2(0，500)$。这说明模型的演化与干预信息初始发布强度无显著关系，而由图 7－2 至图 7－4 可知，其主要与干预信息的吸引力、发布时间及发布强度的增加速度有关。因此，政府及官方媒体在发布干预信息时，应坚持准确、及时和持续推进的原则，不必在初始时刻刻意追求过高的发布强度。这一方面可为公众留存心理调整时间，防止其过度反应；另一方面可为信息不对称下的干预信息更新留存空间，如 2018 年泰国普吉岛沉船事故中初始的“零元团”干预信息并不准确。

第五节　本章小结

在第六章研究了带有竞争地位的两种舆情信息演化规律的干预决策的基础上，本章研究了考虑干预信息发布延迟的决策时机问题，旨在为该情景下干预信息发布提供参考。为此，首先结合现实案例分析了该情景下的信息类型、干预演化阶段和竞争特点，给出了本章研究问题和干预信息发布延迟情景下舆情信息和干预信息的演进阶段划分。其次借助 Logistic 增长模型和 Lotka – Volterra 竞争模型的构造思路，构建了舆情信息和干预信息的两阶段模型，并推导了模型的平衡点和稳定性条件，据此给出了启示性结论。最后通过对模型进行仿真并辅以案例分析验证了模型及其推导结果的有效性，进而考查了干预信息的不同发布时间和发布强度对干预效果的影响规律。结果表明：①当舆情信息的支持者数量达到上限值时，若干预信息尚未发布，则模型在第一阶段中的舆情信息最大支持者数量达到稳态。②当干预信息发布后，根据其吸引力的上限值大小，模型在第二阶段中可达两种稳态，即舆情信息和干预信息的支持者数量分别降低为零和提高至上限值；舆情信息与干预信息的支持者共存。③干预信息的发布时间在满足一定约束下，有助于模型尽可能达到第二阶段的稳态，从而可有效缩小舆情信息的影响范围。④应急管理者应当在尽早发布干预信息的基础上，注重持续推进和逐渐加大干预信息的发布强度，不必在初始发布干预信息的时刻刻意追求过高的发布强度。

第八章　研究总结与未来研究展望

本书第一章梳理了研究背景、研究问题、研究意义、研究内容、研究方法、技术路线、研究特色与创新之处。第二章回顾和评述了与本书研究内容直接相关的文献，并介绍了相关基本理论与方法。第三章从多案例研究入手，研究了新媒体环境下两种舆情信息的竞争地位及其动力学。在此基础上，第四章研究了带有平等竞争地位的两种舆情信息演化规律。第五章研究了带有不平等竞争地位的两种舆情信息演化规律。基于此，第六章在带有竞争地位的两种舆情信息演化规律的基础上探究了干预决策机制制定的问题。第七章则从干预信息发布延迟的角度入手研究政府及官方媒体的最佳决策时机。有鉴于此，本章对上述章节的研究成果进行总结，进而提出舆情信息演化规律与干预策略方面未来的研究空间。

第一节　研究总结

近年来，频繁爆发的突发事件不仅给人类社会造成巨大的经济损失，还有可能危及人们的生命安全。突发事件发生后人们对事件相关信息的需求异乎寻常，新媒体技术的快速发展又往往易推动各种舆情信息的快速传播。舆情危机作为突发事件的衍生事件之一，为应急管理者做出有效的应急决策带来巨大挑战。因此，研究新媒体环境下带有竞争地位的两种舆情信息演化规律与干预决策具有重要的理论意义和实际应用价值。基于此，本书遵循理论与案例相结合、实证与仿真相结合、静态与动态相结合的研究思路，综合运用了系统动力学、传染病模型、Logistic 增长模型、Lotka – Volterra 竞争模型等基本理论与方法，主要研究了新媒体环境下两种舆情信息的竞争地位及其动力学、带有平等竞争地位的两种舆情信息演化规律、带有不平等竞争地位的两种舆情信息演化规律、带有竞争地位的两种舆情信息演化规律的干预决策及考虑干预信息发布延迟的决策时机。总结以上，本书的研究工作、研究成果和研究结论主要体现在如下几个方面：

1. 新媒体环境下两种舆情信息的竞争地位及其动力学

首先，搜集了新媒体环境下两种舆情信息共同传播的案例并构建了案例库，进一步提取了两种舆情信息间相互作用关系并凝练共性，总结了两种舆情信息间的竞争地位，包括平等竞争和不平等竞争。

其次，运用系统动力学构建了两种舆情信息平等竞争和不平等竞争的因果回路图与流量存量图，分析了两种舆情信息平等竞争和不平等竞争的动力学。

最后，通过情景仿真验证了两种舆情信息动力学模型的有效性，并通过仿真结果对比分析了两种舆情信息平等竞争和不平等竞争动力学的相似与不同之处。

以上的研究结果表明：新媒体环境下两种舆情信息的竞争地位包括平等竞争和不平等竞争；从整体而言，带有平等竞争地位的两种舆情信息的增减趋势较为一致；带有不平等竞争地位的两种舆情信息演化过程中，强势舆情信息始终占据主导地位且传播周期长，弱势舆情信息传播周期短且消退快。

2. 新媒体环境下带有平等竞争地位的两种舆情信息演化规律

首先，基于多案例研究及文献研究分析了两种舆情信息平等竞争演化过程中的群体状态划分及不同群体间的状态转移规则，进一步给出了两种舆情信息的平等竞争框架。

其次，借鉴传染病模型的构造思路，建立了两种舆情信息平等竞争的演化模型，并求解了演化模型的平衡点及其稳定性和稳定条件。

最后，通过情景仿真验证了演化模型的有效性，并探讨了两种舆情信息发布时间、新媒体环境下网络平均度增加及两种舆情信息间的平等竞争对两种舆情信息演化结果的影响。

以上研究结果表明：在两种舆情信息共同传播时，其出现时刻差距越大，则两种舆情信息交替演化更加显著，舆情态势更加难以把控；新媒体环境下，人与人联系更加密切，表现为网络平均度提高，其结果是两种舆情信息间竞争演化速度加快，因此，在新媒体环境下，舆情一旦引发，便会迅速升级，这对政府舆情监测和预警提出了更高的要求；两种舆情信息的平等竞争作用减弱时，较早出现的舆情信息竞争优势扩大，且整体舆情态势可以得到缓解。

3. 新媒体环境下带有不平等竞争地位的两种舆情信息演化规律

首先，基于多案例研究及文献研究分析了两种舆情信息不平等竞争演化过程中的群体状态划分及不同群体间的状态转移规则，进一步给出了两种舆情信息的不平等竞争框架。

其次，借鉴传染病模型的构造思路，建立了两种舆情信息不平等竞争的演化模型，并求解了演化模型的平衡点及其稳定性和稳定条件。

最后，通过情景仿真验证了演化模型的有效性，并探究了三种不同干预措施对两种舆情信息不平等竞争演化结果的影响。

以上研究结果表明：对于各群体数量演化影响的显著性而言，对强势舆情信息传播群体进行干预的决策最优，对弱势舆情信息传播群体向强势舆情信息传播群体转化进行干预的决策次之，对弱势舆情信息传播群体进行干预的决策较差。因此，政府在制定应急方案时，重点应关注以下两点：第一，如何降低传播者尤其是强势舆情信息传播者的数量，具体表现为传播者在舆情演化过程中的峰值及峰值的来临时刻，以期为干预方案的实施抢得时间；第二，如何显著降低两种舆情信息尤其是强势舆情信息的影响规模。

4. 带有竞争地位的两种舆情信息演化规律的干预决策

首先，基于多案例研究，分析了带有竞争地位的两种舆情信息演化规律的干预决策问题描述，进一步给出了干预框架。

其次，借鉴 Lotka – Volterra 竞争模型的构造思路，建立了带有竞争地位的两种舆情信息演化规律的干预决策模型，并进一步求解了干预决策模型的平衡点及其稳定性和稳定条件。

最后，通过情景仿真验证了干预决策模型的演化结果，并探究了干预信息竞争系数对舆情演化过程干预效果的影响。

以上研究工作的研究结果表明：舆论生态系统演化包括三种结果状态，即①干预信息胜利，舆情信息消灭。②干预信息部分胜利，干预信息和舆情信息共存。③干预信息失败，只存在舆情信息。提高干预信息发布力度和争夺发布时间是维护舆论生态系统稳定运行的关键决策；干预信息发布力度的提高虽然对两种舆情信息支持者数量的峰值影响不明显，但是可以显著降低其稳态结果和缩短其达到稳态的时间。

5. 考虑干预信息发布延迟的决策时机研究

首先，基于多案例研究，分析了干预信息发布延迟情景下舆情信息和干预信息共同传播的演进阶段划分，并进一步给出了考虑干预信息发布延迟的两阶段演进框架。

其次，借鉴 Logistic 增长模型及 Lotka – Volterra 竞争模型的构造思路，构建了两阶段模型，并在此基础上，求解了模型的平衡点及其稳定性和稳定条件，并给出了干预信息发布时间的约束条件。

最后，通过情景仿真验证了模型的演化结果，并考查了干预信息不同的发布时间及发布力度对舆情信息演化过程干预效果的影响。

以上研究结果表明：当舆情信息的支持者数量达到上限值时，若干预信息尚未发布，则模型在第一阶段中的舆情信息最大支持者数量处达到稳态；当干预信息发布后，根据其吸引力的上限值大小，模型在第二阶段中可达两种稳态，即舆情信息和干预信息的支持者数量分别降低为零和提高至上限值；舆情信息与干预信息的支持者共存。干预信息的发布时间在满足一定约束下，有助于模型尽可能

达到第二阶段的稳态，从而可有效缩小舆情信息的影响范围；应急管理者应当在尽早发布干预信息的基础上，注重持续推进和逐渐加大干预信息的发布强度，不必在初始发布干预信息的时刻刻意追求过高的发布强度。

第二节　未来研究展望

本书以近年来频繁爆发的舆情危机事件为切入点，重点研究了新媒体环境下两种舆情信息的竞争地位划分及其动力学、带有平等竞争地位的两种舆情信息演化规律、带有不平等竞争地位的两种舆情信息演化规律、带有竞争地位的两种舆情信息演化规律的干预决策、考虑干预信息发布延迟的决策时机。这些研究内容都是基于多案例研究，确保了本书研究问题与实际案例相结合的合理性。研究过程中始终遵循理论与案例相结合、实证与仿真相结合、静态与动态相结合的原则。总体来看，本书取得了一定的研究成果，以期能够为决策者制定行之有效的干预决策提供理论参考。虽然本书研究了舆情传播中的相关问题，但是随着新媒体环境下越来越复杂的舆情信息传播环境，有关两种舆情信息演化的研究尚未形成完善的理论体系，舆情信息演化中更深层次的现象和规律亟待学者们采用更加有效的方法进行深入的研究。总体来看，未来还有以下几点可进一步扩展的研究空间：

（1）具有合作关系的两种舆情信息演化规律与干预决策研究。由于本书在研究两种舆情信息演化规律与干预决策时，主要关注新媒体环境下两种舆情信息间的竞争关系，因此本书第三章对新媒体环境下两种舆情信息间竞争地位的强弱进行了分析，并在第四章和第五章分别探究了带有平等竞争地位和不平等竞争地位的两种舆情信息演化规律，第六章和第七章研究了考虑两种竞争性舆情信息演化规律的干预决策。然而，在现实舆情演化案例中往往不仅只有竞争关系的两种舆情信息，还存在合作关系的两种舆情信息共同扩散的现象。例如，在2014年马航 MH370 飞机失联事件中，有关飞机下落的舆情信息主要包括“MH370 在南印度洋坠毁”与“MH370 的飞机残骸在该海域被发现”，后一种舆情信息的广泛扩散对前一种舆情信息的传播具有积极作用，两种舆情信息都主导着公众恐慌情绪的持续扩散。因此，探究具有合作关系的两种舆情信息演化规律与干预决策是下一步需要深入研究的问题。

（2）多种（两种以上）舆情信息共同传播的演化规律与响应决策研究。本书对于舆情信息演化规律与干预决策的研究主要集中在两种舆情信息，而新媒体环境准入门槛低与使用便捷等特点使得人人都有话语权，这也为突发事件发生后多种多样舆情信息的滋生与扩散提供了便利。多种舆情信息的广泛扩散不仅容易引发公众的恐慌情绪，也加大了应急管理者应对舆情危机的难度。因此，多种（两种以上）舆情信息演化规律与响应决策是下一步亟待解决的研究问题。

（3）多种舆情信息演化与其前导突发事件构成的“链式危机”启动决策研究。本书主要研究了舆情信息的演化规律与干预决策问题，然而舆情信息的广泛扩散往往是由突发事件触发，并且若应急管理者面对突发事件处置不力，则会加剧舆情危机的迅速蔓延，更是加大了原生突发事件的处理难度。有鉴于此，如何及时有效地处置多种舆情信息演化与其前导突发事件构成的“链式危机”是未来需要深入研究的重点问题。

参考文献

[1] Al – Azzawi S F. Stability and bifurcation of pan chaotic system by using Routh – Hurwitz and gardan methods [J] . Applied Mathematics and Computation, 2012, 219 (3): 1144 –1152.

[2] Arino J, Brauer F, Driessche P V D, et al. A final size relation for epidemic models [J] . Mathematical Biosciences and Engineering, 2007, 4 (2): 159 –175.

[3] Askarizadeh M, Ladani B T, Manshaei M H. An evolutionary game model for analysis of rumor propagation and control in social networks [J] . Physica A: Statistical Mechanics and its Applications, 2019 (523): 21 –39.

[4] Buechel B, Hellmann T, Klößner S. Opinion dynamics and wisdom under conformity [J] . Journal of Economic Dynamics and Control, 2015 (52): 240 –257.

[5] Chen G H. ILSCR rumor spreading model to discuss the control of rumor spreading in emergency [J] . Physica A: Statistical Mechanics and its Applications, 2019 (522): 88 –97.

[6] Daley D J, Kendall D G. Stochastic rumours [J] . Ima Journal of Applied Mathematics, 1965, 1 (1): 42 –55.

[7] Del Vicario M, Bessi A, Zollo F, et al. The spreading of misinformation online [J] . Proceedings of the National Academy of Sciences, 2016, 113 (3): 554 –559.

[8] Dreessche P V D, Watmough J. Reproduction numbers and sub – threshold endemic equilibria for compartmental models of disease transmission [J]. Mathematical Biosciences, 2002, 180 (1 – 2): 29 – 48.

[9] Hung H. C. , Chiu Y. C. , Huang H. C. , et al. An enhanced application of lotka – volterra model to forecast the sales of two competing retail formats [J]. Computers & Industrial Engineering, 2017 (109): 325 – 334.

[10] Huo L A, Song N X. Dynamical interplay between the dissemination of scientific knowledge and rumor spreading in emergency [J] . Physica A: Statistical Mechanics and its Applications, 2016 (461): 73 – 84.

[11] Huo L A, Wang L, Song N X, et al. Rumor spreading model considering the activity of spreaders in the homogeneous network [J] . Physica A: Statistical Mechanics and its Applications, 2017 (468): 855 – 865.

[12] Huo L A, Wang L, Zhao X M. Stability analysis and optimal control of a rumor spreading model with media report [J] . Physica A: Statistical Mechanics and its Applications, 2019 (517): 551 – 562.

[13] Jie R L, Qiao J, Xu G J, et al. A study on the interaction between two rumors in homogeneous complex networks under symmetric conditions [J] . Physica A: Statistical Mechanics and its Applications, 2016 (454): 129 – 142.

[14] Katsyri J, Kinnunen T, Kusumoto K, et al. Negativity bias in media multitasking: The effects of negative social media messages on attention to television news broadcasts [J] . PloS one, 2016, 11 (5): 1 – 21.

[15] Kawamoto T, Hatano N. Viral spreading of daily information in online social networks [J] . Physica A: Statistical Mechanics and its Applications, 2014 (406): 34 – 41.

[16] LaSalle J P. The stability of dynamical systems [M] . Philadelphia: Siam, 1976.

[17] Lee M J, Chun J W. Reading others' comments and public opinion poll re-

sults on social media: Social judgment and spiral of empowerment [J] . Computers in Human Behavior, 2016 (65): 479 -487.

[18] Leskovec J, McGlohon M, Faloutsos C, et al. Patterns of cascading behavior in large blog graphs [C] //Proceedings of the 2007 SIAM international conference on data mining. Society for Industrial and Applied Mathematics, 2007: 551 -556.

[19] Liang A G, Ma C Y. Dynamical analysis of rumor spreading model with impulse vaccination and timedelay [J] . Physica A: Statistical Mechanics and its Applications, 2017 (471): 653 -665.

[20] Liu C, Zhang Z K. Information spreading on dynamic social networks [J]. Communications in Nonlinear Science and Numerical Simulation, 2014, 19 (4): 896 - 904.

[21] Liu Q, Jiang D Q, Shi N Z, et al. Dynamics of a stochastic delayed SIR epidemic model with vaccination and double diseases driven by Lévy jumps [J] . Physica A: Statistical Mechanics and its Applications, 2018 (492): 2010 -2018.

[22] Liu Y, Diao S M, Zhu Y X, et al. SHIR competitive information diffusion model for online social media [J] . Physica A: Statistical Mechanics and its Applications, 2016 (461): 543 -553.

[23] Lotka A J. Elements of physical biology [J] . Science Progress in the Twentieth Century, 1926, 21 (82): 341 -343.

[24] Meng X Z, Zhao S N, Feng T, et al. Dynamics of a novel nonlinear stochastic SIS epidemic model with double epidemic hypothesis [J] . Journal of Mathematical Analysis and Applications, 2016, 433 (1): 227 -242.

[25] Morales A J, Borondo J, Losada J C, et al. Efficiency of human activity on information spreading on Twitter [J] . Social Networks, 2014 (39): 1 -11.

[26] Ou C G, Jin X L, Wang Y Z, et al. Modelling heterogeneous information spreading abilities of social network ties [J] . Simulation Modelling Practice and Theory, 2017 (75): 67 -76.

[27] Pan C, Yang L X, Yang X F, et al. An effective rumor – containing strategy [J]. Physica A: Statistical Mechanics and its Applications, 2018 (500): 80 – 91.

[28] Pinheiro S. Optimal harvesting for a logistic growth model with predation and a constant elasticity of variance [J]. Annals of Operations Research, 2018, 260 (1 – 2): 461 – 480.

[29] Qiu X Y, Zhao L J, Wang J J, et al. Effects of time – dependent diffusion behaviors on the rumor spreading in social networks [J]. Physics Letters A, 2016, 380 (24): 2054 – 2063.

[30] Ren F, Li S P, Liu C. Information spreading on mobile communication networks: A new model that incorporates human behaviors [J]. Physica A: Statistical Mechanics and its Applications, 2017 (469): 334 – 341.

[31] Samsuzzoha M, Singh M, Lucy D. Uncertainty and sensitivity analysis of the basic reproduction number of a vaccinated epidemic model of influenza [J]. Applied Mathematical Modelling, 2013, 37 (3): 903 – 915.

[32] Sudbury A. The proportion of the population never hearing a rumour [J]. Journal of applied probability, 1985, 22 (2): 443 – 446.

[33] Tian R Y, Zhang X F, Liu Y J. SSIC model: A multi – layer model for intervention of online rumors spreading [J]. Physica A: Statistical Mechanics and its Applications, 2015 (427): 181 – 191.

[34] Trpevski D, Tang W, Kocarev L. Model for rumor spreading over networks. [J]. Physical Review E: Statistical Nonlinear and Soft Matter Physics, 2010, 81 (5): 1 – 15.

[35] Verma G, Swami A, Chan K. The impact of competing zealots on opinion dynamics [J]. Physica A: Statistical Mechanics and its Applications, 2014 (395): 310 – 331.

[36] Volterra V. Variazioni e fluttuazioni del numero d'individui in specie animali conviventi [M]. C. Ferrari, 1927.

[37] Vosoughi S, Roy D, Aral S. The spread of true and false news online [J]. Science, 2018, 359 (6380): 1146 –1151.

[38] Wang B, Han Y X, Tanaka G. Interplay between epidemic spread and information propagation on metapopulation networks [J] . Physica A: Statistical Mechanics and its Applications, 2017 (420): 18 –25.

[39] Wang G H, Chi Y X, Liu Y J, et al. Studies on a multidimensional public opinion network model and its topic detection algorithm [J] . Information Processing & Management, 2019, 56 (3): 584 –608.

[40] Wang J J, Zhao L J, Huang R B. 2SI2R rumor spreading model in homogeneous networks [J] . Physica A: Statistical Mechanics and its Applications, 2014 (413): 153 –161.

[41] Wen S, Haghighi M S, Chen C, et al. A sword with two edges: Propagation studies on both positive and negative information in online social networks [J]. IEEE Transactions on Computers, 2015, 64 (3): 640 –653.

[42] Wu Y H, Deng S, Huang H B. Information spreading in Delay Tolerant Networks based on nodes behaviors [J] . Communications in Nonlinear Science and Numerical Simulation, 2014, 19 (7): 2406 –2413.

[43] Xie M S, Jia Z, Chen Y F, et al. Simulating the spreading of two competing public opinion information on complex network [J] . Applied Mathematics, 2012, 3 (9): 1074 –1078.

[44] Xu J H, Zhang L, Ma B J, et al. Impacts of suppressing guide on information spreading [J] . Physica A: Statistical Mechanics and its Applications, 2016 (444): 922 –927.

[45] Xu K, Zhang X F. Mining community in mobile social network [J]. Procedia Engineering, 2012 (29): 3080 –3084.

[46] Yan F H, Li Z F, Jiang Y C. Controllable uncertain opinion diffusion under confidence bound and unpredicted diffusion probability [J] . Physica A: Statistical

Mechanics and its Applications, 2016 (449): 85 - 100.

[47] Yan X B, Jiang P. Effect of the dynamics of human behavior on the competitive spreading of information [J]. Computers in Human Behavior, 2018 (89): 1 - 7.

[48] Yang D, Chow T W S, Zhong L, et al. True and fake information spreading over the facebook [J]. Physica A: Statistical Mechanics and its Applications, 2018 (505): 984 - 994.

[49] Yu L, Li L, Tang L. What can mass media do to control public panic in accidents of hazardous chemical leakage into rivers? A multi - agent - based online opinion dissemination model [J]. Journal of Cleaner Production, 2017 (143): 1203 - 1214.

[50] Zan Y L. DSIR double - rumors spreading model in complex networks [J]. Chaos, Solitons & Fractals, 2018 (110): 191 - 202.

[51] Zanette D H, Damián H. Dynamics of rumor propagation on small - world networks [J]. Physical Review E, 2002, 65 (4): 1 - 10.

[52] Zhang M M, Wang W M. Study on public opinion propagation in self media age based on time delay differential model [J]. Procedia Computer Science, 2017 (122): 486 - 493.

[53] Zhang X H, Jiang D Q, Hayat T, et al. Dynamics of a stochastic SIS model with double epidemic diseases driven by Lévy jumps [J]. Physica A: Statistical Mechanics and its Applications, 2017 (471): 767 - 777.

[54] Zhang Y H, Zhu J J. Stability analysis of I2S2R rumor spreading model in complex networks [J]. Physica A: Statistical Mechanics and its Applications, 2018 (503): 862 - 881.

[55] Zhang Y M, Tang C S, Li W G. Cooperative and competitive dynamics model for information propagation in online social networks [J]. Journal of Applied Mathematics, 2014 (2): 1 - 12.

[56] Zhao L J, Cui H X, Qiu X Y, et al. SIR rumor spreading model in the

new media age [J] . Physica A: Statistical Mechanics and its Applications, 2013 (392): 995 –1003.

[57] Zhao L J, Qiu X Y, Wang X L, et al. Rumor spreading model considering forgetting and remembering mechanisms in inhomogeneous networks [J] . Physica A: Statistical Mechanics and its Applications, 2013 (392): 987 –994.

[58] Zhao L J, Wang X L, Qiu X Y, et al. A model for the spread of rumors in Barrat – Barthelemy – Vespignani (BBV) networks [J] . Physica A: Statistical Mechanics and its Applications, 2013 (392): 5542 –5551.

[59] Zhou J, Liu Z H, Li B W. Influence of network structure on rumor propagation [J] . Physics Letters A, 2007, 368 (6): 458 –463.

[60] Zhu H, Wu H, Cao J, et al. Information dissemination model for social media with constant updates [J] . Physica A: Statistical Mechanics and its Applications, 2018 (502): 469 –482.

[61] Zhu L H, Liu M X, Li Y M. The dynamics analysis of a rumor propagation model in online social networks [J] . Physica A: Statistical Mechanics and its Applications, 2019 (520): 118 –137.

[62] 陈波，于玲，刘君亭．泛在媒体环境下的网络舆情传播控制模型 [J] . 系统工程理论与实践，2011，31 (11)：2140 –2150.

[63] 陈业华，康亚红，宋之杰．公共场所突发事件情景下受灾人群间信息的传播与扩散研究 [J] ．数学的实践与认识，2015，45 (16)：44 –54.

[64] 陈志霞，王新燕，孙龙等．从网络舆情重大事件看公众社会心理诉求——对 2007 ~2012 年 120 起网络舆情重大事件的内容分析 [J] . 2014，33 (3)：101 –106.

[65] 崔启武，Lawson G. 一个新的种群增长数学模型——对经典的 logistic 方程和指数方程的扩充 [J] ．生态学报，1982，2 (4)：403 –414.

[66] 党小超，张春娇，郝占军．基于模糊元胞自动机的网络舆情传播模型研究 [J] ．计算机工程，2014，40 (4)：209 –213.

［67］邓青，刘艺，马亚萍等．基于元胞自动机的网络信息传播和舆情干预机制研究［J］．管理评论，2016，28（8）：106－114.

［68］狄国强，曾华艺，勒中坚等．网络舆情事件的系统动力学模型与仿真［J］．情报杂志，2012，31（8）：12－20.

［69］丁柏铨．对舆情概念的认知和思考［J］．编辑之友，2017（9）：5－11.

［70］范英盛，韩一士，李国军．一种基于元胞自动机的谣言动态传播模型［J］．南通大学学报（自然科学版），2016，15（3）：33－40.

［71］付娟，金菊良，魏一鸣等．基于遗传算法的中国清洁能源需求 Logistic 预测模型［J］．水电能源科学，2010，28（9）：175－178.

［72］国务院办公厅．2014 年政府信息公开工作要点［EB/OL］．http：//www. gov. cn/zhengce/content/2014－04/01/content_ 8728. html，2014－04－01.

［73］国务院办公厅．国务院办公厅关于在政务公开工作中进一步做好政务舆情回应的通知［EB/OL］．http：//www. gov. cn/zhengce/content/2016－08/12/content_ 5099138. html，2016－08－12.

［74］哈达，谭志国，王浩．复杂网络下基于 Agent 的舆情演化研究［J］．火灾指挥与控制，2017，42（8）：1392－1396.

［75］洪小娟，姜楠，洪巍等．媒体信息传播网络研究——以食品安全微博舆情为例［J］．管理评论，2016，28（8）：117－126.

［76］胡珑瑛，董靖巍．网络舆情演进过程参与主体策略行为仿真和政府引导［J］．中国软科学，2016（10）：50－61.

［77］胡婷婷．新媒体环境下的网络谣言应对与舆情引导［J］．现代情报，2015，35（10）：23－26.

［78］胡元萍．基于 SEIR 模型的社交网络信息传播稳定性研究［D］．西安：西安电子科技大学，2015.

［79］霍良安，黄培清．突发事件中不实信息的竞争扩散研究［J］．数学的实践与认识，2015，45（5）：28－34.

［80］季丹，谢耘耕．社会舆情传播特征的区域差异研究［J］．情报杂志，2014，33（1）：108－113.

［81］姜景，李丁，刘怡君．基于竞争模型的微博谣言信息与辟谣信息传播机理研究［J］．数学的实践与认识，2015，45（1）：182－191.

［82］姜景，张立超，刘怡君．基于系统动力学的突发公共事件微博舆论场实证研究［J］．系统管理学报，2016，25（5）：868－873.

［83］赖诗攀．问责、惯性与公开：基于97个公共危机事件的地方政府行为研究［J］．公共管理学报，2013，10（2）：18－28.

［84］兰月新，邓新元．突发事件网络舆情演进规律模型研究［J］．情报杂志，2011，30（8）：47－50.

［85］兰月新，夏一雪，刘冰月等．面向舆情大数据的网民情绪演化机理及趋势预测研究［J］．情报杂志，2017，36（11）：134－140.

［86］兰月新．突发事件网络舆情谣言传播规律模型及对策研究［J］．情报科学，2012，30（9）：1134－1138.

［87］李春发，刘凯，王晟锴．基于 Multi－Agent 的政府干预下虚假舆情传播规律与控制决策［J］．现代情报，2018，38（5）：53－59.

［88］李德毅，刘坤，孙岩等．涌现计算：从无序掌声到有序掌声的虚拟现实［J］．中国科学（E辑：信息科学），2007，37（10）：1248－1257.

［89］李青，朱恒民．基于BA网络的互联网舆情观点演化模型研究［J］．情报杂志，2012，31（3）：6－9，35.

［90］李天龙．突发事件舆情的阶段应对决策［J］．情报杂志，2018，37（12）：106－111.

［91］刘常昱，胡晓峰，罗批等．基于不对称人际影响的舆论涌现模型研究［J］．系统仿真学报，2008，20（4）：990－992.

［92］刘泾．新媒体时代政府网络舆情治理模式创新研究［J］．情报科学，2018，36（12）：68－72.

［93］刘锐．地方重大舆情危机特征及干预效果影响因素——基于2003年以

来110起地方政府重大舆情危机的实证分析［J］. 情报杂志，2015，34（6）：93-100.

［94］刘亚东. 新媒体环境下网络舆情信息传播路径与传播规律研究［J］. 传播力研究，2018，2（10）：235.

［95］刘亚男. 我国网络舆情研究现状述评［J］. 情报杂志，2017，36（5）：95-100.

［96］刘毅. 略论网络舆情的概念、特点、表达与传播［J］. 理论界，2007（1）：11-12.

［97］刘毅. 网络舆情研究概论［M］. 天津：天津人民出版社，2007.

［98］刘泽照，张厚鼎. 地方政府网络舆情回应行为研究——以人民网为例［J］. 情报杂志，2013，32（10）：13-17.

［99］罗晓东. 基于移动元胞自动机的网络舆情传播模型［J］. 激光杂志，2015（2）：119-122.

［100］毛乾任，王朝斌，包晓安等. 基于元胞自动机模型的网络舆情导控机制研究［J］. 计算机工程，2017，43（6）：105-110.

［101］毛乾任，王朝斌，李艳梅等. 异质CA模型上含有导控决策的网络舆情传播研究［J］. 计算机应用研究，2017，34（9）：2634-2638.

［102］彭小兵，邹晓韵. 邻避效应向环境群体性事件演化的网络舆情传播机制——基于宁波镇海反PX事件的研究［J］. 情报杂志，2017，36（4）：150-155.

［103］强韶华，吴鹏. 谣言信息传播过程中网民个体行为仿真研究［J］. 情报科学，2015，33（11）：124-130.

［104］任建超，韩青. 基于食品安全事件异质性的信息扩散过程研究［J］. 系统工程理论与实践，2017，37（11）：2833-2843.

［105］沈慧. 基于大数据分析的政府网络舆情管理［J］. 电子技术与软件工程，2018，141（19）：159.

［106］沈佐锐. Logistic修正方程及其对菜蚜种群密度动态的描述［J］. 北

京农业大学学报，1985，11（3）：297－304.

［107］宋姜，吴鹏，甘利人．网民沉默因素的元胞自动机舆情演化建模及仿真［J］．情报理论与实践，2015，38（8）：124－129.

［108］宋楠，付举磊，鲍勤等．基于无标度网络的恐怖信息传播与最优应对决策［J］．系统工程理论与实践，2015，35（3）：630－640.

［109］宋清华，陈建宏．基于公众社会责任感视角的舆情演化及干预［J］．系统仿真学报，2018，30（10）：3657－3664.

［110］宋清华，陈建宏．考虑公众辟谣及反馈机制的谣言传播及干预研究［J］．中国安全科学学报，2017，27（2）：13－17.

［111］宋宇．新媒体环境下舆情信息工作的现状及对策分析［J］．现代经济信息，2016（33）：86，151.

［112］孙雷霆，李春发，陶建强．基于 Multi－Agent 的虚假舆情传播仿真［J］．情报杂志，2017，36（4）：162－169.

［113］唐喜亮．我国突发公共事件的网络舆情研究［D］．成都：电子科技大学硕士学位论文，2008.

［114］万克文．网络舆情影响因素与政府干预效果的研究与分析基于 2007～2014 年 130 起重大网络舆情事件［J］．情报杂志，2015，34（5）：159－163.

［115］王红兵，王光辉．社会事件网络舆情的政府干预机制［J］．中国科学院院刊，2015，30（1）：97－104.

［116］王进良，张令元．三种竞争种群的古典 Gause－Lotka－Volterra 系统［J］．生物数学学报，1995，10（4）：164－173.

［117］王来华，林竹，毕宏音．对舆情、民意和舆论三概念异同的初步辨析［J］．新视野，2004（5）：64－66.

［118］王来华．当前舆情研究深入展开中的几个重要问题［J］．新闻与传播研究，2018（S1）：120－121.

［119］王来华．舆情研究概论［M］．天津：天津社会科学院出版社，2003.

［120］王晰巍，邢云菲，王楠阿雪等．新媒体环境下突发事件网络舆情信息传播及实证研究——以新浪微博“南海仲裁案”话题为例［J］．情报理论与实践，2017，40（9）：1－7.

［121］王晰巍，邢云菲，赵丹等．移动环境下网络舆情信息传播路径及传播规律研究［J］．情报理论与实践，2013，39（9）：107－113.

［122］王筱莉，赵来军，吴忠．非均匀网络中考虑辟谣机制的谣言传播模型［J］．系统工程，2015，33（12）：139－145.

［123］王筱莉，赵来军，谢婉林．无标度网络中遗忘率变化的谣言传播模型研究［J］．系统工程理论与实践，2015，35（2）：458－465.

［124］王治莹，李勇建．政府干预下突发事件舆情传播规律与控制决策［J］．管理科学学报，2017，20（2）：43－51，62.

［125］吴尤可．微信舆情“涌现”机制及控制方法研究［J］．情报理论与实践，2017，40（3）：24－29.

［126］武澎，王恒山，李煜．突发事件信息传播超网络中枢纽节点的判定研究［J］．管理评论，2013，25（6）：104－111.

［127］向江燕．基于系统动力学的网络舆情事件演化研究［J］．情报探索，2015（2）：123－132.

［128］项权，于同洋，肖人彬．突发事件网络舆情演化与干预［J］．计算机应用，2018，38（S2）：97－102.

［129］徐为坚．具有种群 Logistic 增长及饱和传染率的 SIS 模型的稳定性和 Hopf 分支［J］．数学物理学报，2008，28（3）：578－584.

［130］杨波，郭剑川，谭章禄．基于国民生产总值增长率微调制的国家能源年度消费总量 Logistic 修正模型研究［J］．中国管理科学，2017，25（6）：32－38.

［131］杨帆．基于系统动力学的网络舆情传播研究［D］．北京：北京交通大学硕士学位论文，2015.

［132］于凯，荣莉莉，郭文强等．基于线上线下网络的舆情传播模型研究

[J]. 管理评论, 2015, 27 (8): 200-212.

[133] 余乐安, 李玲, 武佳倩等. 基于系统动力学的危化品水污染突发事件中网络舆情危机应急决策研究 [J]. 系统工程理论与实践, 2015, 35 (10): 2687-2697.

[134] 袁国平, 许晓兵. 基于系统动力学的关于突发事件后网络舆情热度研究 [J]. 情报科学, 2015, 33 (10): 52-56.

[135] 张克生. 国家决策: 机制与舆情 [M]. 天津: 天津社会科学院出版社, 2004.

[136] 张鹏, 崔彦琛, 兰月新等. 基于扎根理论与词典构建的微博突发事件情感分析与舆情引导决策 [J]. 现代情报, 2019, 39 (3): 122-131, 143.

[137] 张元龙. 关于"舆情"及相关概念的界定与辨析 [J]. 浙江学刊, 2009 (3): 182-184.

[138] 张桢. 新媒体视阈下网络舆情的新特点与变化趋势 [J]. 新闻研究导刊, 2016, 7 (22): 77-78.

[139] 张芷芬, 丁同仁, 黄文灶等. 微分方程定性理论 [M]. 北京: 科学出版社, 1985.

[140] 赵丹, 王晰巍, 相甍甍等. 新媒体环境下的微博舆情传播态势模型构建研究——基于信息生态视角 [J]. 情报杂志, 2016, 35 (10): 173-180.

[141] 赵俊, 霍良安, 刘霞. 具有发酵期的舆情传播与控制模型 [J]. 系统管理学报, 2016, 25 (4): 717-724.

[142] 郑元润, 张新时, 徐文铎. 沙地云杉种群增长预测模型研究 [J]. 植物生态学报, 1997, 21 (2): 130-137.

[143] 中国互联网络信息中心. 中国互联网络发展状况统计报告 [EB/OL]. http://www.cnnic.cn/hlwfzyj/hlwfzyj/hlwxzbg/hlwtjbg/201902/t20190228_70645.html, 2019-02-28.

[144] 钟琪, 戚巍, 张乐. Lotka-Volterra 系统下的社会型危机信息扩散模型 [J]. 系统工程理论与实践, 2012, 32 (1): 104-110.

[145] 周昕，邱长波，李瑞．基于贝叶斯网络的网络舆情危机节点诊断研究 [J]．现代情报，2018，38（11）：59－65.

[146] 朱晓霞，郝佳佳，尹清乾．公共危机伪信息在人际关系网络上的扩散及干预决策研究 [J]．情报理论与实践，2017，40（1）：70－75.

[147] 朱晓霞，赵雪，刘萌萌．基于多层网络的伪信息扩散及干预研究 [J]．情报杂志，2017，36（10）：47，66－70.

后　记

本书受到安徽省哲学社会科学规划基金一般项目“新媒体环境下带有竞争地位的两种舆情信息演化规律与干预策略”（编号：AHSKY2018D13）和安徽工业大学新增学科点建设经费的共同资助，在此我谨向安徽省哲学社会科学规划办和安徽工业大学相关部门的领导及老师们表示衷心的感谢。舆情危机管理作为应急管理领域的研究方向之一，近年来受到国际社会和学术界的广泛关注。正是在此背景引领下，自从攻读博士学位以来，我一直从事该方向的学习和研究工作，除上述资助项目之外，还有幸承担了国家自然科学基金青年项目“多种诱导信息情境下突发公共事件舆情演进规律及其干预机制研究”（编号：71704001）、安徽省自然科学基金青年项目“重大灾害情境下‘舆情—抢购’危机演化机理与防控决策研究”（编号：1808085QG224）、安徽省哲学社会科学规划基金青年项目“新形势下舆情传播的演进机理与引导机制研究”（编号：AHSKQ2016D19）、安徽省社会科学普及规划项目“大数据与安徽人文讲坛传播方式转变与创新”（编号：Y2016002）、安徽工业大学青年社会科学基金项目“基于互联网平台的哄抢现象导控决策研究”（编号：QS201604）的研究工作。本书的研究工作是在“新媒体环境与多种舆情信息干预交叉融合”主题下对相关研究成果的进一步扩展和集成。在此，我谨向国家自然科学基金委、安徽省科技厅、安徽省哲学社会科学规划办、安徽省社科联、安徽工业大学科研处等表示诚挚的感谢。

饮水思源，感谢我的博导南开大学李勇建教授，李老师严谨的治学态度、渊博的学术知识和坚定的科研精神，都使我受益无穷。正是在李老师主持的国家自然科学基金重大研究计划培育项目“非常规突发事件演化与应急决策的相互作用规律研究”（编号：91024002）的研究过程中，迅速提升了我的研究兴趣和学术水平。同时，感谢同项目组的其他老师和师兄师姐师弟师妹们，谢谢你们在工作和生活中对我的包容和指导。正是在很好的学术氛围下，我有幸承担了两项南开大学博士生科研创新项目：“舆情传播与应急决策的结构化描述及其相互作用研究”（编号：68140001）和“突发货车事故中哄抢现象的发生机制与控制决策”（编号：68150003），研究经历使我得到了很好的训练，在此向南开大学表示由衷的敬意。

感谢项目组各位成员，特别感谢我的硕士生王伟康、梁敬、聂慧芳、赵宏丽，本科生彭婷婷。他们在本书撰写中投入了很大的精力并承担了大量工作，并与我一起反复修改和校对书稿，为本书架构和内容设计奠定了坚实的基础。感谢他们与我一路同行，向着共同的科研目标奋进，祝他们前程似锦，永葆活力。具体章节方面，王治莹负责全书架构设计、内容安排和统稿修改，王伟康负责第一章至第五章的资料整理和撰写；梁敬负责第一章、第三章至第六章的修改，第七章、第八章的资料整理和撰写；聂慧芳和赵宏丽负责第二章的补充和修改；彭婷婷负责第六章的资料整理和撰写。

感谢应急管理研究领域的专家和学者，感谢你们对本书部分内容的认真评阅。特别感谢本书撰写过程中所引用和参考文献的作者及其单位，虽然力求标注和在文献列表里逐一列出，但不能排除个别疏忽导致的遗漏，在此深表歉意。

感谢安徽工业大学管理科学与工程学院及其他部门老师们对本书出版的支持。

感谢经济管理出版社编辑老师对本书修改、定稿和出版的大力帮助。

限于课题组成员学识水平和经验不足，书中难免存在不足之处，敬请读者批评指正。